20代までに知っておきたい

世界とつながるゼロ円渡航術

西田博明 著

コスモピア

前書き

「セニョール、もう乗り継ぎの飛行機は出てしまいましたよ。ほかの便はありません。明日来てください」。太っちょのスタッフが言い放ちました。

カリブ海、アルバ島の空港。クリスマスと新年を過ごした中南米のベネズエラの友人の家から、留学先のコスタリカに帰る途中のことです。

ベネズエラ側のスタッフは「乗り継ぎは手配しました！　万が一のときでも、ちゃんと別の飛行機とホテルは準備しますから！」と言っていたのに……。

周りには、同じ境遇の人たちが十人ほど集まっています。いかにも家族旅行からの帰りという感じのお父さんは、子どもを抱っこしながら呆れ顔。怒りもあらわにスペイン語でまくしたてている女性は、出稼ぎ先から年末年始の里帰りでもしていたのでしょうか。私も英語とスペイン語で交渉をつづけます。

しかし、何を言っても、スタッフは「私たちにできることは何もありません。明日来てください」の一点張り。みんな諦めて、少しずつ散らばっていきます。

明日飛行機に乗れるかもわからない。泊まるホテルもない。携帯もつながらない。どうすればいいんだろう……。

（アルバ島では、これがきっかけで、素敵な出会いと経験ができました。この続きは、第四章に！）

海外に行くと、毎回びっくりするような体験をします。高校のカフェテリアで大っぴらにいちゃつくノルウェーのクラスメイト。自分が道に迷ったくせに「俺めっちゃ頑張ったから、多めのチップよこせ」とドヤ顔するコスタリカのタクシー運転手。エクアドルの「モルモットの丸焼き」のおいしさ。チリで二十年に一度だけ咲く砂漠の花を見に行ったときは、ヒッチハイクしたご家族が自宅に連れていってくれて、ごはんをごちそうしてくれました。

海外に行くだけでも驚きの連続なのに、おっちょこちょいでミスも多い私。友だちをパナマに連れて行ったら、ホテルを予約した日付が間違っている。エクアドルの先住民に会うツアーの通訳で行ったのに、自分が飛行機に乗り遅れる。タイのタクシードライバーに、別の空港に連れて行かれちゃう（そしてやはり乗り遅れる）。ドタバタエピソードには事欠きません。

そんな私でも、「ゼロ円」で海外に行けちゃうのだから、世の中不思議です。

私はいま四十歳。海外の渡航先は四十一カ国。海外の滞在期間は、合計四年弱。船での世界一周を含めて、トータルで世界を五周ぐらいはしていると思います。全部自腹で行こうとしたら、少なくとも五百万円以上、もしかしたら、一千万円ぐらいは、必要だったかもしれません。

しかし、私が全額を負担し、日本と現地を往復するという最もお金のかかる形で行ったのは、タイ、台湾、香港、アメリカの四カ所だけ。三十カ国以上は、奨学金や都道府県のプログラム、ボランティアとして同行、講師として派遣など、誰かがお金を払ってくれています。

私は別に有名でもないし、毎日そういうチャンスを探し続けているわけでもありません。私だけではなく、私が出会ってきた「グローバル」な人たちもほとんどがそうです。これまで、国際的なサミットに呼ばれた人や、海外で働いている人、国際結婚をして幸せそうにしている人など、いろいろな人たちに出会ってきました。中には、高校生や大学生のころから知っている人も混じっているのですが、みんな本当に「ただの学生」でした。あれほどキラキラと世界を飛び回る姿は、想像もしませんでした。

そんな普通な人たちも、どこかでコツをつかんで、どんどん自分の世界を広げていったのです。特別な能力が必要なわけでもないのです。特に二十代は「ボーナスステージか」というぐらい、チャンスに溢れています。

でも、このチャンスは、あるところにはあるけれど、上手に探さないと見つかりません。チャンスをつかんで、育てて、また次につなげていく……そのためのコツがあります。

この本を手に取ってくれたあなたは、海外に行きたいという想いがあると思います。英語が好きなのかもしれない。憧れの国があるのかもしれない。それとも漠然と今の自分を変えたくて、「どこかに飛び出したい！　知らない景色に出会いたい」と願っているのかもしれません。

大丈夫。想いがあれば、そして上手にコツをつかんでいけば、チャンスは手に入れられます。その経験をもとに、キャリアや人生を前に進めていくことだってできます。知らない世界に出会いたい。新しい道を切り拓きたい。そう思っているあなたのために、この本を贈ります。

目次

コラム

インタビュー

電子版を使うには

本書購読者は無料で
ご使用いただけます！
本書がそのままスマホで
読めます。

電子版ダウンロードには
クーポンコードが必要です

詳しい手順は下記をご覧ください。
右下の QR コードからもアクセスが可能です。

電子版：無料引き換えコード
0tabi （ゼロ・タビ）

ブラウザベース（HTML5 形式）でご利用いただけます。

★クラウドサーカス社 ActiBook 電子書籍です。

●対応機種
- PC（Windows/Mac）
- iOS（iPhone/iPad）
- Android（タブレット、スマートフォン）

電子版ご利用の手順

❶コスモピア・オンラインショップにアクセスしてください。（無料ですが、会員登録が必要です）
https://www.cosmopier.net/

❷ログイン後、カテゴリ「電子版」のサブカテゴリ「書籍」をクリックしてください。

❸本書のタイトルをクリックし、「カートに入れる」をクリックしてください。

❹「カートへ進む」→「レジに進む」と進み、「クーポンを変更する」をクリック。

❺「クーポン」欄に本ページにある無料引き換えコードを入力し、「登録する」をクリックしてください。

❻ 0 円になったのを確認して、「決済する」をクリックしてください。

❼ご注文を完了すると、「マイページ」に電子書籍が登録されます。

第一章 海外への「ハードル」は飛びこえなくてもいい！

この章では、私がよく聞いてきた「○○だから海外になかなか行けないんです」という悩みに応えて、実際に上手に海外に行けてしまう人の考え方を紹介します。

海外だけではなく、恋でも仕事でも、初めてのチャレンジは、ハードルが高く感じますよね。でも、ハードルって、指で押すだけでパタンと倒れます。よけるのもくぐるのも、誰かにどけてもらうのもありです。**発想を変えれば、サクっと道が見つかる**こともよくあります。**海外では、今持っている常識など、簡単にひっくり返ってしまう**のですから、その**予行練習のつもりで**、自由に考えてみましょう。

①お金がない

海外に行くには、いろいろなお金がかかります。飛行機代、滞在費、学費……。それらを全部、自分で出すとしたら、大変ですよね。

でも、大丈夫！

お金があったら手っ取り早いけれど、**自分のお金は必須ではありません。お金を持っているところにつながる**という方法もあるのです。

別にお金持ちに支援してもらうという話ではなくて、プレゼンテーションをしたり、役割を引き受けたりして、力を貸してもらうこともできます。その方が、観光旅行では味わえない、特別な体験ができることも多いのです。

私は二十五歳で起業してから、家賃にも苦労するような状態が続きました。それでも海外に行きたくて、さまざまなチャンスを探し、内閣府のプログラムに参加したり、事務局やボランティアカウンセラーとして帯同したり（働くかわりに無料）、通訳をするかわりに割引してもらうなど、「ゼロ円」で海外に行く機会をいろいろと見つけてきました。三十一歳で全額給付の奨学金をいただいて、コスタリカの国連平和大学に修士留学させてもらったこともあります。

私が二十代だったころに比べると、物価の変化などのせいで、海外に行ったり暮らしたりするための費用がかかるようになったとはいえ、海外留学をする人や、海外で働きたいと思う若者の数は減っています（経産省、二〇二二）。つまり、ライバルが減っているとも言えるのです。国もグローバル人材の育成を意識していることを考えると、チャンスです。

こういったチャンスの例は第二章でご紹介していますし、チャンスのつかみ方は第三章で詳しくお伝えしていきます。まずは、「今の自分でも海外に行けるとしたら？」と考えてみてください。そこからあなたの冒険が始まります。

②成績や単位が心配

成績や単位についての不安は、よく聞きます。実際は何とかなっている人が多いですが、私自身も南米のチリに留学したときは、「本当に卒業できるかな」とひやひやしていました。

実は多くの学校で、留学先の単位を日本の学校の単位として認めるという制度があります。いちいち宣伝はしていないかもしれませんが、海外でのボランティアやインターンシップを日本の学校の単位にする制度が、用意されていることもあります。

「それでも、海外で成績が悪かったら結局だめなのでは？」と思うかもしれません。確かに外国語で授業に出て単位をとるのは大変ですが、講義のかわりにレポート提出にしてもらうなど、いろいろな形で対応できることもよくあります。

それに、体育や実習など、一生懸命やっていれば何とかなる授業をとるという方法もあります（その分、日本では、専門科目を多めにとっておくとか）。そういう実習課目では友だちも作りやすいです。

悩んでいるうちに募集終了というのが一番悲しいですよね。だからまず、具体的に調べたり、教務課などに相談に行ったりすることから始めてみてください。悩みの原因が「知らないだけ」などということもよくあります。

これは私の個人的な経験ですが、高校生でノルウェーに留学して、日本に帰ってきたら、なぜか英語だけではなくて、国語や数学、社会科の授業など、全般的な成績が一気に上がりました。それまではクラスの真ん中ぐらいの成績で前後していたのに、なぜか総合得点でも学年のトップレベルになりました。これには自分でも驚きました。

正確な理由は自分でもよくわからないのですが、留学がとても効果的な「脳トレ」になったのだろうと思います。知らない言葉で相手と話し合う。相手を理解して、自分も手持ちの単語で何とかわかってもらう。授業も全部はやりきれないから、ポイントを絞る。二十四時間三六五日、ひたすら集中し、一生懸命考える。一日一日が、まるで日本で過ごす一週間分ぐらいの濃密な毎日。それは脳も一気に成長しますよね。

日本に帰ってきて授業を受けたときに「うわあ、自分って、今まで頑張ってるつもりだったけど、ぼおっと勉強してたんだな」と感じたことを覚えています。

③キャリアや仕事はどうするの？

収入や仕事といった現実的な問題を考えたときに、リスクを負ってまで海外に行く利益はあるのでしょうか？　働き方も年々自由になってきているとはいえ、海外に長期間行くなら、今の会社を辞めるしかないときもあるかもしれません。それだけのリスクを冒して、その分のリターンがあるのかは、しっかり考えておきたいですね。

収入から見てみましょう。二〇一八年の調査によると、留学経験者とそうでない人、計一二三八人との収入比較を行った結果、学部への留学で百万円、大学院への留学で二五〇万円年収が高いとのこと（横田ら）。また、当事者の自己認識としても、留学で身につけた能力が、キャリアアップにつながったという実感を持っているとのことです。四七八七人を対象にした調査によると、学部での留学をした人の平均年収は五百万円を超えており、これは国内大学卒業者の平均年収と比べても八十万円近く差が出ており、大学院への留学だとおよそ八百万円になるとのこと（横田ら、二〇一六）。英語力の高さと年収の高さには相関関係があるという結果も出ています（エンワールド、二〇二〇）。昇進スピードも早いという結果が出ているので（横田ら、二〇一六）、**生涯年収へのプラスの影響は大きそうです**。グローバル化がさらに進む状況を考えても、留学経験がキャリアや年収に、よりプラスになっていく可能性が高いのではないでしょうか。

また、今の職場を辞めずに海外に行ったり、仕事を続けながら海外に行ける可能性も増えているようです。転職や留学のために会社を辞めても、数年以内ならいつでも戻ってこられる「パスポート」を社員に発行する会社も出てきていますし、仕事の百パーセントをリモート化して海外在住の人を雇う会社も増えてきています。フルタイムではなく週二、三日の実働などで、学業と両立させることも可能かもしれません。案件単位で動員をしているコンサルティング会社などの仕事に就く人もよく見かけます。そういう職場を狙ってみるのもいいかもしれません。

その他、会社から海外派遣される人、会社と交渉して研修扱いで給料をもらいながら一カ月以上休んだ人、給料は出ないけれど長い休みをもらったことがある人もいます。全体的にはまだまだ少ないけれど、これからも制度は充実していくでしょうし、自分が第一号として制度を作らせてしまうことも可能かもしれません。

私は社会人二年目のとき、二週間アメリカに行ったことがあります。ちょうど、会社の方向性を決める大切な時期だったのですが、どうしても学びたいことがあって、経営陣に、現在の自分の課題と目標、そのアメリカでの学習で手に入るものと今後の貢献についてプレゼンテーションをして、休ませてもらいました。

三十一歳でコスタリカに社会人留学したときは、私は独立して、プロコーチとして働いていました。留学が決まってから、クライアントさんおひとりおひとりと話し合って、ほかのコーチに紹介したり、その人が取り組んでいることにめどがつくまでは月一回だけコーチングさせてもらったりと対策をとりました。日本を出るまでは、「仕事が少しあるのって大変そう」と思っていたのですが、驚いたことに、私自身のメンタルにはそれがとても良かったです。慣れない環境と難しい勉強で、自信をなくしそうになったときに、やりなれた仕事に戻る時間があること、自分が誰かの役に立てていると実感できることが、とても助けになりました。少額ながら収入があるのもありがたかったです。

帰国後も、「帰ってきました！」というとみなさん喜んで会いに来てくれて、そこでまた新しい仕事につながったこともあります。

海外に行くことで、就職活動をはじめ、これからのキャリアにどういう影響があるのかも、気になりますよね。私自身、いろいろなケースを見てきています。

まず、学生、社会人いずれにも言えることは、海外に行くと、**圧倒的に自己分析が進む**ということです。自分自身って、自分にとっては当たり前に存在しています。だから、「自分はどんな人？」と聞かれても、なかなか言葉にできません。

ところが海外に行くと、異質なものだらけ、自分にとって当然のことが次々と壊されていきます。相手に自分のことをわかってもらうためにも、試行錯誤の連続です。そういう中で、少しずつ「あ、自分ってこんな人間だったんだ」というものが見えてきます。人間は異質なものとこすれ合ってはじめて、自分の形や輪郭が見えてくるのです。

実際に、留学生を対象にした調査で、過半数が「留学経験が卒業後最初の職を得ることに役立った」「長期的な視点でキャリアを考えるのに役立った」と考えているという結果が出ています（横田ら、二〇一八）。

学生の、留学中や留学後の就職活動については、実は思ったほど心配はないようです。同世代の就職活動の時期とずれてしまうこともありますが、海外にいる日本人を採用するためのイベントやサービスもあります。オンライン採用も一般的になってきたここ数年で、さらに国境が関係なくなってきていますね。

社会人のキャリアに関しては、もう少し複雑です。海外経験そのものは別に悪くないのですが、キャリアに空白期間ができると、場合によっては「休職していたのかな。もしかしたら長続きしないかも」と思われる可能性もあります。

なので、海外にいる期間が、キャリアの積み重ねの一環だと思ってもらえるように、**それまでの経験と、これからのキャリアをつなぐストーリー**を作ってほしいのです。出国前の経歴と、その中で頑張って成長してきたからこそ見えてきた限界。その限界を突破するために海外でどういう力や知識を身につけようとしたのか。海外でどう成長して、これからどういう貢献ができるのか。そのようなストーリーをあらかじめ考えておいてほしいのです。仮でも構いません。方向性が変わっても、一度ストーリーを作っておくと、それを土台に修正しやすくなりますし、目的意識を持つことで、滞在中もさらに頑張れますから！

こっそりお伝えすると、別に「人生の夏休み」という気持ちがあってもいいんです。せっかくの海外、楽しんでください！　ただ、今までひたすら机に向かって仕事してきましたというような、真面目な採用担当者さんにも納得してもらえるストーリーを作る、多少はったりをかませることができるくらいの経歴や成果を出しておくという、ずるがしこさも持っていてほしいと思います。

④友だちと関係が切れてしまうのでは？

これについては、私もやはり心配しました。特に高校生でノルウェーに行ったときは、帰国後はひとつ下の学年からスタートすることになっていたので、新しいクラスでうまくやっていけるか、不安だらけでした。

しかし、結論から言うと、思った以上に大丈夫です。むしろ大切な人たちとの関係が深まったという話もよく聞きますし、私自身にもそういう経験があります。

私が高校・大学時代に留学したときは、「日本にいる人とは手紙だけ、通話はなし」と決めていました。そのころはＳＮＳもなかったですし、メールが使える人も少なくて、ほぼ完全に日本とは切れた状態でいました。でも、一年後に帰国したとき、大切な友だちだけでなく、知り合いぐらいの関係だった人たちも自然に受け入れてくれました。

あまりにも自然に受け入れられたので驚きましたが、考えてみたら当たり前です。あなたが旅立つのは「みんなが嫌い」だからではないですよね。そんなことは相手も知っています。だから、あなたがいなくて寂しいけれど、あなたを嫌いになる理由はないのです。

むしろ、**あなたを大切に思っている人たちは、心細い中で挑戦するあなたの姿を想像して、一生懸命に応援してくれます**。あなたが悩んだり、くじけそうになったりする姿を見て、かえって親近感を持ち、何か素敵なことがあったら「ここにあの人がいたら」と想ってくれます。会えないからこそ、お互いを想い合える面もあります。

そして、帰国して、再会したときの嬉しさ、一年間のギャップを埋めようとひたすら語り合った数日間、お互いがそれぞれの場所で成長したことを実感したときに、じんわりと湧き起こってくる敬意。そういったものは、旅立たなければ、味わえなかった気持ちです。

しばらく会えない友だちがいる一方で、**新しく出会う仲間もいます**。現地の人たちだけではありません。いろいろな国からその国にやってきた「外国人」たち。留学や駐在などを理由に、現地で暮らす人たちです。

そういった人たちは、背景の文化も人生経験もあなたとは違います。しかし、あなたと似ているところもあります。その国を選ぶ理由、知らない世界への憧れ、旅立ってきた勇気、違いを面白がれる好奇心。彼らは異国での苦労を共有できる戦友です。

そういう世界中の仲間とも、あなたが挑戦するからこそ、出会えるのです。私としては、いっそのこと「一年間、ＳＮＳをやめてみたり、海外専用のアカウントで過ごしてみたりしてみなよ」と言ってみたくなります。**せっかく現地にいるんだから、そこの人たちとの時間を大切にしたい**ですよね。限られた時間を、今しか得られないものに集中する。そのために、あえて制限をかけるのも効果的だと思うのです。「そりゃ世代が違うよ」と言いたくなるかもしませんが、少し前に出会った、携帯電話を持たずに世界一周している高校生も、楽しそうにしていました。完全にゼロじゃなくても、日本とつながるのを週一回にするだけでもだいぶん違います。

いずれにせよ、大切な人とのつながりは続きます。つながりが切れた人は、お互いの人生にとって、それほど重要な相手ではなかったのでしょう。

だから、大丈夫。あなたの道を歩いて、成長したあなたで再会しましょうよ！

⑤職場やゼミに迷惑をかけてしまうかも

今いるチームへの影響を考える人もいると思います。この本を手に取るあなたは、頑張り屋さんで、すでにいろんな役割を背負っているかもしれませんね。私自身も大学生でチリに留学するとき、合気道部の中心的なメンバーでしたし、三十一歳でコスタリカに社会人留学したときは、自分の会社があってクライアントもいました。実務的なところでも支障が出ましたし、申し訳ない気持ちにもなりました。

そういうときに、気をつけたいことがひとつあります。「みんな」への責任、「チーム」への迷惑といった、大きな言葉で考えないようにしましょう。大きなくくりで漠然と考えてしまうと、混乱してしまいます。**「チーム」という人間はどこにもいません。そこにあるのは、ひとりひとりの人間と、そのつながりです。**だから「みんな」ではなく、具体的に「どこの誰」が困るのか、それにどう対応するのかを考えてほしいのです。そうすることで、ひとつひとつのことに向き合っていけます。

そして、もしも誰かが「みんなが」「チームが」「責任が」と言って責めるとしたら、あまり真に受けないようにしましょう。その人は大きな言葉を使っているけれど、結局は個人の話です。本当に言いたいことは、「それは私にとって都合が悪い」とか、「それは私の価値観に合わない」ということだったりします。そういうときは、お互いに鎧《よろい》を脱いで、対話してみるのもいいかもしれません。まずは洗いざらい話を聞くのでもいいですし、自分の思いをまとめて伝えるところから始めてもいいです。ひとりの人間同士として本音を伝え合い、一緒に先に進めたら、とても幸せですね。

仲間には、海外で成長したあなたで帰国してから、存分に貢献すればいいのです。仮にその人たちにお返しできなくても、これから出会う人たちに貢献することで、さらに大きなプラスを生み出して、帳尻を合わせることもできます。だから、あなたが決めた道を進みましょう。

ひとりひとりと誠意を尽くして話し合えば、多くの人は許してくれますし、それどころか応援してくれるようにもなります。**どうせ海外に行ったら、現地でもっと迷惑をかけますから、**その練習のつもりで。

せっかくの人生、あなたが本気で挑戦するときは、「え〜、寂しい」とか言いながらも、手に汗握りながら応援してくれる人たちで、周りを固めておきたくないですか?

⑥親に反対されている

「親が反対している、わかってくれない」という話も、よく聞きます。私自身も、初めて家を飛び出そうとしたときは、本当に説得が大変でした。

親がいいよと言ってくれても、「迷惑かけたくない。家族も大切だし」と、悩む人もいます。反対されるのは困るけれど、追い出されるのも寂しいですし、行ってもいいよと言われても気を遣うもの。やはり家族は大きな存在だからこそ、悩みますよね。

そういうときは、実験のつもりで、**親を「異文化にある人」として**ながめてみても、面白いかもしれません。**親とあなたの考え方が違うのは、見てきたもの、通り抜けてきた経験、生きてきた世界が違うからです**。さらに、年齢とともにホルモンが変化して、あなたのような「前のめり」な気持ちに共感しにくくなっているのかもしれません。あなたが親御さんとは違う人間で、違う価値観や考え方を持っているのと同じように、あなたの親御さんも、違う価値観、違う考え方を持っているのです。そう思ってみたら、少し見え方が変わりませんか？

自分にとって当たり前のことって、当たり前すぎて説明できないことってありますよね。それは、親にとってもそうなのです。どうしてそれほどまでに反対したいのか、親本人も実はわかっていません。だから深呼吸して、相手の話を聞いてみましょう。「この話にやたら反応するのは、どんな背景があるからなんだろう」とか「この主張の裏には、どんな価値観とどんな経験があるのかな」と興味を持ちながら、ゆっくり聞いたり、質問したり、日常のふるまいや言動を、観察してみるのもいいかもしれません。

そうこうしていると、親のツボが見えてきます。親は、根性を見せてほしいのかもしれない。寂しい気持ちをわかって共感してほしいのかもしれない。成績や就活への影響が気になって、ちゃんと計画を立ててほしいのかもしれない。それはあなたのツボとは違うけれど、相手のツボに沿ったプレゼンをすれば、納得してもらいやすくなります。

多くの親は、子どもを応援しています。憎いわけではなくて、あなたが大切で、そして本人としても大切なことがあって、それが反対という形で表現されているだけなのです。**本当はお互いが幸せになれる未来に向かおうとしているけれど、進み方が違うだけです。そこの違いを理解して、すり合わせたり、適切な距離を模索したりするのも、「異文化コミュニケーション」です。**

……などと理想を書きましたが、そのように美しくはいかないこともありますよね。私も、今でこそ両親には「ひろはもうどこにでも行っちゃう人だから」と諦められていますが、最初は全く信頼してもらえませんでした。そういうときは、粘り勝ちを狙うのもありだし、反対を押し切るのもありだと思います。

親は、あなたがバレバレの嘘でおねしょを隠して、走り回って頭をぶつけて、こけてビイビイ泣いて、あほらしい理由で友だちと喧嘩してきたころから、二十四時間三六五日ずっと付き合ってきました。それに対して大人のあなたとは、関わる時間も密度も少ないです。だから大人のあなたについての情報量は、圧倒的に少ないのです。あなたがどれだけ大人になったのかを、言葉ではなく行動で、見せてあげることも、親孝行だと思います。

それに、親への感謝や尊重と、親に従うことは別です。あなたは、親がいなくなった後も、これからの世界を生きていかなければならないのです。

その違いをすり合わせきれなかったときに、適切な距離を探るのも、立派な異文化コミュニケーションですから。

（もしも、あなたの親御さんが異文化にある人ではなく、本当に「毒親」で、あなたを支配しようとしているなら、そのときは全力でそこから飛び出しましょう。国内でも海外でも、とにかくあなたの人生を取り戻しましょう。心から応援します。）

Columun 1

粘り勝ちもあり

僕自身は、親に粘り勝ちすることで、初めて家を飛び出しました。中学一年の秋ごろ、北海道の漁村が留学生を募集している新聞記事を見かけ、説明会に行ってみました。話を聞いたら、さらに行きたくなって、応募。めでたく合格しました。しかし、ここでハードルにぶつかります。父が、留学を許してくれなかったのです。

父はそれまでの僕の行動を見て「今の学校を飛び出したいのは、逃げたいだけだろう」「どうせくじけるだろうから。だめだ」と思ったらしいのです。実際、何の変化もない毎日にうんざりしていたのがきっかけだっだから、図星です。どれだけ頑張ると言っても、うんと言ってくれません。そもそも信用してもらえていなかったのですから。

何度も話し合って、説得したり、ときには泣きながら気持ちをぶつけたり。その繰り返しの中でわかってきたのは、父がＯＫできないのは、僕が何のために北海道に行こうとしているのか、行ってどうするのかが見えなくて、納得できないからだということでした。僕も必死に考えて「とにかく家を離れてひとりになることで、生活態度をもっと改善したい」と目的を伝えました。

父は最終的には「本当に約束できるんだな」と何度も確認をしたうえでＯＫを出してくれました。しかし、大人になってから聞いてみたら、当時、僕のプレゼンに納得したのかといえば、そうでもなかったそうです。

どちらかというと僕が何度も何度も説得してくるので「そこまで言い続けるんなら、やっぱり意思があるのかもしれない」ということで、OKしてくれたみたいです。もう、粘り勝ちとしか言えないですよね。

北海道の音調津《おしらべつ》という小さな漁村での生活は、大変だったけれどいい経験でした。全く違う環境での、同級生との共同生活。現地の人との交流や学校の若い先生たちが真剣に向き合ってくれたのも大きくて、少しだけ成長できたと思います。

一年後、僕を見て、父も「こいつは大丈夫なんだな」と納得したようです。そこからは、僕が勝手に留学することにしても、起業しても、何も言わずに見守ってくれています。そのかわり僕も、両親がスイスやコスタリカに来てくれたときは一緒に旅をして、ただのツアー旅行ではできない体験をしてもらうようにしています。「ひろがいなかったら、ここには来られなかったよね」と思ってもらうことが、僕なりの恩返しです。

相手が根負けするまで言い続けるのだってありです。帰ってきたときに「あのときはちょっと怪しかったけど、やっぱりOKしてよかったんだな」と思ってもらえばいいのですから。

Column Interview

つかんだチャンスを、次のチャンスへ

さやかさん　会社員

世界約三十カ国に渡航経験あり。一番衝撃を受けた国はネパール。現在は「日本伝統文化を世界に広め保全する」を人生の目標に、着付け教室や食文化交流会への参加、伝統工芸見学など目標実現へのアンテナを広げ中。
★SNSアカウント　https://www.instagram.com/sake.8kuza/

私は、ゴールに向けてアンテナを張って調べて、手段を選ばず飛びこんでいくタイプだと思います。

海外に目覚めたきっかけは、中学生のときに見たドキュメンタリー『不都合な真実』です。最後のシーンで、科学者が人種も国籍も関係なく議論するのを見て「うわー、私もそこに入りたい！」と思ったんです。高校では海外ボランティアなどを探して親に何度もプレゼンしたけど、全部却下されて、逆にどうしても行きたい気持ちがフツフツと醸成されました。

大学は農業系です。入ってみたら、海外に行けるチャンスがいっぱいで、びっくりしました。初海外はタイでした。大学が半額負担してくれる短期の交換留学で、二カ月バイトすれば払える金額。親には出発前日に伝えました。母は「ええ～っ」って騒いでたけど、そのまま電話を切って（笑）。現地は暑いし食べものは辛いし、体調も崩しました。でも日本人には日本の、タイ人にはタイ文化の気遣いがあって、異文化交流の楽しさを知りました。

農業の国際学会のようなフォーラムを運営する学生の委員会にも入りました。二年目の開催地がタイで、現地側スタッフに去年の仲間もいたんです。そのことを思いきりアピールして、派遣してもらいました。イベントの感動もあったのですが、圧倒的に語学力が足りなくて、価値提供ができなかった無力感から、英語もガチで勉強し始めました。

その後も、フォーラムで知り合った留学生の帰省に便乗して、お家にも泊めてもらって、ペルーとかアジアの計八カ国に行きました。卒業後は就職するつもりだったのですが、フォーラムで親しくなったカナダの教授が「そんなに熱意があるなら」とすすめてくれたのをきっかけに、研究室の先生に留学した先輩を紹介してもらい、さらにその師へとツテをたどって、イギリスに奨学金で留学しました。もがきながらも、目標に向かって努力して、そして息抜きで遊ぶこともありました。そのバランスがよくて充実感が強かった。日本と違って同調圧力もなくて、「あなたはあなたのままでいいよ」というのも心地よかったんだと思います。

そのまま現地で働きたかったのですがそれも難しくて、日本のコンサルティング会社に就職しました。日本の古き良きものと世界の架け橋になりたいという想いがあって、いろんなビジネスの現場が見たかったんです。今は転職して、お酒の輸出事業でアジア圏を担当しています。新しい酒蔵の「発掘」から輸出まで、一連の業務を修行中です。架け橋への第一ステップにいる感じでやりがいがあります。

ハードルの先の可能性

海外をはじめ、未知のものにチャレンジするときは「これから手に入る何か」は見えにくかったりしますね。それに比べて今、手元にある「失いそうなもの」は見えやすい。だから、つい不安になりやすいものです。でも、仮に三年間海外に行ったとしても、九十歳まで生きるとしたら、**人生のたったの三十分の一**。それぐらいの時間、「形のない可能性」に賭けてみるのも素敵ではないですか！

第二章 押さえておきたい「ゼロ円渡航」情報

海外に行くための支援やチャンスは、根気強く探せば、いろいろなところに転がっています。注意してほしいことは、**お得なプログラムほど目立たない**ことが多いということです。三章で詳しくお話ししますが、「行きたい人と送り出したい人のすれ違い」が起きていて、特にネットの世界ではチャンスが見えにくくなっています。

そのせいで、「検索してみたら、お金のかかるプログラムばかり」と思ってしまう人もいると思います。でも、諦めないで。さらにいろいろなワードで検索して、検索でトップに表示されないところも見てみましょう。**インターネットだけではなく、大学の国際交流課や、リアルなコミュニティーなどでも情報を探しましょう。**

ここで紹介しているのはあくまでも一部です。それぞれの目的や条件、やりたいことを踏まえて、さらに調べていってみてください。中には全額支給で、完全に無料で行けるものも、一部だけ費用を支払う必要があるものもあります。自費ではあるけれど、ただの旅行に行くよりはるかに有意義なものもあります。

ここで紹介するのは二〇二二年時点の情報です。コロナ禍の情勢によって、一時休止やオンライン化など、形態が変化しているものもあります。私が知らない新しいチャンスも、次々と生まれているはずです。ぜひ第三章も参考に、自分の道を切り拓いていってください！

留学

留学といっても、大学や大学院進学だけでなく、それ以外の分野への支援をしてくれるプログラムもあります。日本政府や地方自治体、営利・非営利の各種団体や、滞在先の国が行っているものもあります。日本の奨学金だけでなく、留学先の現地で提供されている奨学金も探してみてください。学生だけでなく、社会人でも応募できるものや、インターンシップなど学業以外の項目でも支給を受けられる奨学金もあります。ここではその一例を紹介しますので、そこからさらに、自分でも探してみてください。

◆トビタテ！留学JAPAN

文部科学省と民間が協働で行っている留学促進・グローバル人材育成キャンペーンです。日本からの留学生数の増加と、経済的な理由で若者が留学を諦めずに済む支援を目指しています。主な取り組みである留学支援制度「新・日本代表プログラム」では、民間寄附を百パーセント原資とし、成績や語学力についても不問で、芸術やスポーツなどで一芸に秀でる人を含め、いろいろな人にチャンスを与えています。高校生の留学も支援の対象です。

トップレベルの学校への留学だけでなく、インターンシップやボランティアなど、自分なりの留学プランを組んで支援してもらうこともできます。事前の研修や、帰国後の活動支援なども充実しており、私が今、学生だったら、絶対に応募していたプログラムです。

◆日本財団

看護職海外留学奨学金制度、聴覚障害者のための奨学金、研究者育成や交流、学位取得が目的ではない海外での活動など、さまざまな対象に支援を行っています。私がお世話になったコスタリカの国連平和大学への全額給付型奨学金「Asian Peacebuilders Scholarship」（二〇二二年度で募集を終了）も当該財団によるプログラムでした。

◆日本学生支援機構

文科省をはじめとした国の組織と連携しつつ、学生の学びを支援するために発足した機関です。留学だけでなく、国内の大学で学ぶための奨学金、キャリア教育や障害者の支援など、さまざまな事業を行っています。

◆その他のさまざまな奨学金

政府だけではなく、地方自治体が運営するもの（山梨県若者海外留学体験人材育成事業、埼玉県発世界行き奨学金など）、経済団体が出している奨学金（経団連グローバル人材育成スカラーシップ、業務スーパージャパンドリーム財団奨学金など）や、個人が立ち上げた団体の奨学金（柳井正財団、村田海外留学奨学会、本庄国際奨学財団など）もあります。米国のフルブライト奨学金や台湾奨学金、世界銀行 共同大学院奨学金のように、海外の組織が日本に窓口を設けている場合もあります。

音楽・スポーツ・アート・学術の分野での奨学金を提供している、江副記念リクルート財団、科学・技術系分野での留学を支援する船井情報科学振興財団など、専門分野に特化した奨学金もあります。

◆現地奨学金

日本が国費で留学生を招いているように、海外の政府や大学などが、留学生向けに提供している奨学金もあります。有名大学にも、優秀な学生を集めるために、条件の良い奨学金を出しているところがあるようです。私の友人に、とりあえず現地に行ってから、見事に奨学金を手に入れた人がいます。

◆NPOやNGOによる交換留学プログラム

私がお世話になったAFSをはじめ、YFU、JFIE、ロータリークラブなどによる交換留学プログラムには、現地での滞在費と学費などが免除されるものもあり、費用をかなり抑えられます。高校生をメインの対象としている団体も多いですが、大学生や教職員など向けのプログラムもあり、政府の事業を受託して特別なプログラムを提供するところもあります。学校間の交換留学は単位が認められやすいことが多いですが、NPO・NGOによるものも単位が認められる可能性もあります。ぜひチェックしてみてください。

◆学費が無料や低額の国への留学

アルゼンチン、ドイツ、ノルウェーの公立学校では、外国人も原則学費は無料です。インド、オーストラリア、ギリシャ、台湾、中国、フランスなども、日本の国公立大学以上に学費が安い、あるいは同水準（年間二十〜七十万円）というところがあるようです。国単位ではなく、大学単位で外国人を優遇しているところもあります。こういった国への留学を、奨学金と組み合わせることも可能です。

学位には結びつきませんが、デンマークの成人教育機関フォルケホイスコーレは、全寮制で月に十〜十五万円（授業料や寮費、食費込み）と、かなりリーズナブルですし、十七歳以上であれば、原則誰でも入れます。語学留学であれば、フィジーやフィリピンなどで、英語を学ぶ人たちも増えていますね。

ただし、税金や物価が高くて滞在費が割高になる場合もあります。以前は全ての外国人が学費無料だったけれど、EU圏外の学生は有料に方針を変えたフィンランドのように、それぞれの国の状況や政策は刻々と変化します。現地語を学ぶための講座が追加で必要となるなど、学校や学部、地域によって、条件が違うこともあります。必ず最新の情報を多角的に調べてください。

交流・研修プログラム

「学校で学ぶ」のとは違った形のプログラムもあります。国際交流や専門分野での人材育成を目的としたもので、数日間で終わるプログラムから、一、二カ月、長いものでは一年程度のプログラムまであります。国や学校の予算や寄付金なども使われていることもあり、参加費が無料だったり、格安だったりする場合も多くあります。

◆内閣府青年国際交流事業

内閣府が運営するプログラムで、世界青年の船、東南アジア青年の船、航空機派遣などいくつかのプログラムがあります。プログラムによっては、多少の参加費がかかることもありますが、実際の予算総額に比べればほんの一部です。

私自身は、第二十四回世界青年の船に参加し、十三カ国の若者と一緒に、一カ月半かけて三カ国を回りました。海外からは、将来その国を背負うような優秀な若者も多く参加します。船という閉鎖空間での共同生活は濃密で、留学とはまた違った経験ができます。

◆専門分野での人材育成を目的としたプログラム

専門分野の技術向上や交流、グローバル化のためのプログラムもあります。

平和構築や開発支援分野での人材育成を目的としたグローバル人材育成事業（広島平和構築人材育成センター）、現地で実際の農業に携わりながら学ぶ海外農業研修（国際農業者交流協会）、教師海外研修プログラム（JICA）、海外看護研修助成事業（木村看護教育振興財団）など多岐にわたります。

◆地方自治体のプログラム

県や市が、若者や経営者育成、姉妹都市との交流などを目的に、予算を組んでプログラムを運営することもあります（高校、高等専門学校などを対象とする大阪グローバル塾、高校生～三十歳対象の宇都宮市の姉妹都市交流など）。

こういったプログラムの募集は控えめで、インターネット上では見つけにくいこともあります。プログラム名や募集対象、内容が変わることも多いので、インターネットで見つからなくても諦めずに、市の窓口や、国際交流センターに直接行って担当者さんに聞いてみてください。思いがけず嬉しいチャンスにつながるかもしれません。

ちなみに、私が高校生のときに参加した、大阪府と韓国のソウルとの交流プログラムの募集は、学校の終礼での担任の先生による「うちの学校にも一、二名募集が来ています」というアナウンスでした。

◆大学のプログラムや単位認定

大学が留学以外の海外プログラムを企画することも増え、単位を認めてもらえる場合も多くあります。渡航費や滞在費は負担が必要ですが、プログラム費は無料になるものも、渡航費を含めて支援してもらえるプログラムもあります。

私は在学中「サービス・ラーニング」という単位認定プログラムに参加したことがあります。ボランティア的な「奉仕活動（サービス）」と、学校での「学習（ラーニング）」を組み合わせたもので、大学に全額支援いただきました。フィリピンで六週間、八カ国の仲間と過ごし、午前中は現地のスラム街でのボランティア、午後は仲間と講義に出てディスカッションをしました。睡眠不足でヘロヘロになりましたが、とてもいい経験でした。

◆GiFT Diversity Voyage

多様な価値観に触れ、仲間と共に未来を創る』を体感できる共創型、社会参画型の海外研修を提供しています。従来の渡航型に加えコロナ禍でオンライン型も開始。実際に社会を変革するべく活動をしている現地パートナーとの協働を通じて、九日間ほどでＳＤＧｓに関わる問いと向き合い、現地の仲間との対話を通して、自分の中にある、グローバル・シチズンシップ（世界をより良くする志）を深めていきます。これまでに東洋大学や関西学院大学などの大学や地方自治体との協働で実施しており、大学の単位として認められることもあります。私自身、ＧｉＦＴの代表やファシリテーターを個人的に知っていますが、次世代育成に熱い思いを持った、素晴らしいプロの方々です。

◆海外ビジネス武者修行プログラム

「きみの変態を支援」をキャッチフレーズに、異文化でのリアルビジネスを通じて、どんな環境でも主体的に動き成果を出す「自走式エンジン」を養う、二週間の合宿型プログラムです。ベトナムのホイアンなどを舞台に、ビジネスの立ち上げから完成までをチームでやりきる。その過程に、経験豊富なプロのファシリテーターが伴走。有効と判断された施策は、プログラム終了後も現地で継続されます。

コロナ禍以降は、日本の地域課題の解決をテーマとしてプログラムの開催もしています。費用を就職後に払える「出世払い」制度もあり、大学によっては費用の補助が出るようです。私もファシリテーターを務めたことがあるのですが、自身の仕事にも反映できる学びが多く、学生のうちに参加したかったと強く思うプログラムです。

ボランティアやインターンシップ

ボランティアやインターンシップもおすすめです。滞在費や渡航費が支給されたり、給料が支払われたりするインターンもあります。ときには詐欺まがいのもの、ブラックなものもあるので注意が必要ですが、信頼のおける団体での仕事は、観光では手に入らない素晴らしい経験になります。素敵な人たちとのご縁を広げる機会にもなりますし、場合によっては、将来、実務経験として提示できる可能性もあるので、大きなチャンスです。

◆在外公館派遣員制度

大使館や総領事館といった世界各国の在外公館に一～二年派遣され、支援的な業務を行います。学生も社会人も応募可能で、給与が支払われます。公館の業務は、広報や日系企業支援、日本のプロモーションなど多岐にわたり、専門性を活かすことができそうです。専門調査員や技術員、公邸料理人の派遣制度などもあります。

◆NGOインターン・プログラム

外務省が、国際協力の分野の若手人材を育成するため、NGOにインターン受け入れを委託するプログラムです。業務内容は団体によってさまざまですが、外務省が選んだ団体で経験を積むチャンスを与えています。海外渡航も可能な場合があるようです。募集は、受け入れ団体がそれぞれの窓口で行っています。

◆ピースボート（通訳・カウンセラー・カルチャースクール講師）

世界一周の船旅を提供しているピースボートでは、毎回、通訳（コミュニケーションコーディネーター）という役割でボランティア乗船する人を募集しています。高い英語力が求められ、なかなかハードな仕事のようですが、だからこそ、いい思い出にもなるようです。

私は、引きこもりや不登校など、生きづらさを抱えた若者のための特別プログラム「グローバルスクール」の専属カウンセラーとして乗船しました。参加者へのカウンセリング業務をメインとしながら、ときどき船の運営を手伝いました。船内という閉鎖された空間での仕事は逃げ場がないので、かなりハードでもあります。しかしその分、「ただのお客様」とはまた違った、濃密な経験ができました。

ピラティスやダンス、水彩画などカルチャースクールの講師なども募集しているので、そのような技能がある人にもチャンスがあります。いずれも働くかわりに乗船代がゼロ円です。

詳しくは、NGOピースボートのサイトにて。

◆その他のさまざまなチャンス

アフリカ地域開発市民の会（CanDo）のインターン派遣、コモンビートの、Up with People国際教育プログラム参加支援制度、寮生活をしながらフロリダのディズニーワールドの日本館で働く三越CRプログラムなどもあります。探し方次第です。さまざまなチャンスを見つけてください。学生団体AIESECが手掛けるインターンの中には、稀に経費が支給されるものもあるようです。

国際協力

◆JICA青年海外協力隊

青年海外協力隊も、若者が海外に行く大きなチャンスのひとつです。現地での活動は、配属先と相談しながらどんどん進めていくことができるようです。自分の能力や経験を活かして何ができるのかを追求するには、素晴らしい機会になります。

一方で、何のために海外に行くのか、そこでどういう貢献をして、どういう力を伸ばしたのかを示さないと、帰国後の人材市場において、キャリアに空白期間があると誤解されてしまうこともあります。これまでの経験やこれからのキャリアをしっかり見つめ、海外での経験を人に伝えられるよう自分なりのストーリーを作りましょう。

◆UNV（国連ボランティア計画）

国連での経験を積む機会を得られます。採用条件として修士号などが要求されることもありますが、学部卒で応募できるポストもあります。

◆JPO（Junior Professional Officer）派遣制度

各国政府の費用負担を条件に、国際機関が若手人材を受け入れる制度です。日本も、外務省を含む複数の省庁が、国連をはじめとする国際機関に派遣を実施しています。

企業のプロモーション

企業が製品やサービスを宣伝するために、海外に呼んでくれる企画も出てきているようです。たとえば「Red Bull Can You Make It?」は、エナジードリンクだけを通貨にしてヨーロッパを縦断するという企画で、ヨーロッパに行くためのチケットや現地でのさまざまなアクティビティが提供されます（二〇二二年はコロナ情勢により中止）。

ある南の島で、そこでの生活をマーケティング担当として毎日投稿することと引き換えに、滞在が無料になるなんて話も聞いたことがあります。

こういうチャンスは、SNSなどにも流れてきそうですね。ぜひアンテナを張ってみてください！

観光旅行ではない旅

バケーションレンタル（個人宅や別荘に泊まらせてもらう旅）を広めたairbnbは、今はビジネスとして運営している民泊がほとんどになってしまいましたが、カウチサーフィン（couchsurfing.com）などは、登録者同士が無料で家に泊め合うサービスのサイトです（ただし、サービスを利用する会費が必要）。無料で宿を提供することで交流を求める人が登録しているため、ホストとの会話や現地での生活に触れるチャンスがあります。ワークアウェイ（workaway.info）では「宿泊と食事付きのボランティア」のホストが紹介されています。農家に特化したウーフ（wwoof.net）などもいい体験になりそうです。

定番のワーキングホリデーをきっかけに、新しい人生を歩み始めた友人もいます。旅行の宿泊先をユースホステルにするだけでも、いつもと違う経験ができます。

社会人になってもチャンスはある

社会人になっても、チャンスはあります。「仕事で行く」「会社を辞めて留学」だけでなく、会社が実施しているプログラムに参加することや、会社から許可を得て、外部のプログラムに参加することもできます。

たとえば前述のＧｉＦＴは中外製薬ウエルネットクラブとの協働で海外研修を実施し、社員が現地の青年や若手社会起業家とともにプロジェクトに取り組むプログラムを行なっていました。（なお、本プロジェクトは二〇一九年で終了）

「世界青年の船」には、税関から研修の一環で送りこまれてきたメンバーが複数名いましたし、就職先の企業と交渉して、研修という名目で、給料をもらいながら参加していた人もいました。お給料をもらいながら海外に行けるのは、社会人ならではです。

国内で良質な国際経験を積む

日本の中でも、国際的な環境で過ごすチャンスはあります。ボーダレス・ジャパンや彩ファクトリーのシェアハウスは、外国人比率を一定以上をキープするようにしているので、自然とグローバルな空気の中で過ごせます。栃木県で、世界中の農業指導者を育成しているアジア学院での共同生活は濃密そうです。ＭＩＲＡＩ:ｉｎｇによるリーダー学習プログラムＴＯＯＰＡなど、オンラインで提供されるプログラムも生まれ始めており、海外有名大学をはじめとしたさまざまなプログラムを直接受けることも、容易になっています。ホストファミリーをしてみるのもいい経験ですし、それをきっかけに運営団体とご縁ができて、次のチャンスが舞いこんでくることもありえます。

おすすめの情報源

留学についての情報は、多角的に集めてください。

『留学ジャーナル』や、奨学金情報をまとめたガクシー（gaxi.jp）などには、さまざまな情報が掲載されています。書籍では、高野幹生著『留学の真実』がよくまとまっています。

私は、国連フォーラム（unforum.org）のメーリングリスト（現在はGoogleグループ）のおかげで国連平和大学へ留学するチャンスに出会い、他にもさまざまな勉強会の情報を知ることができました。

アクティボ（activo.jp）には、ＮＰＯや社会的企業のボランティアや職員の募集情報が載っており、有給のインターン募集も見かけます。

校外プログラム大全（kininarukotomatome.com）やキュリー（qulii.jp）、ＦａｃｅｂｏｏｋグループGROWTH HUBは中高生向けですが、大学生や社会人向けの情報を見つけるための入り口になるかもしれません。

あなたのチャンスを発掘しよう！

「いろんなチャンスがあるんだな」と思ってもらえたら大成功。たとえば三越ＣＲプログラムは、二千人が応募することもあるほどの人気プログラムですが、私の周りでも知らない人も結構います。こういう情報が目立たないことはよくあって、自分から積極的に探したり、良い情報が流れる人間関係を作ったりする必要があります。

そのためのコツを次の章でお伝えします。

Column
Interview

瞬間瞬間、目の前のことに全力で

吉開祐貴さん

会社員　株式会社 10X BizDev

福岡県柳川市出身。マレーシア、アメリカに留学し、株式会社ユーグレナを経て現職。事業開発を担う。トビタテ！留学JAPAN 日本代表プログラム三期生

★SNSアカウント　https://twitter.com/_yuki_y

最初、海外に興味はありませんでした。高校の終わりごろに母子家庭になって、経済的にも精神的にも厳しかったし、福岡の地元は親元にいるのが親孝行という保守的な地域だったので、そもそも留学なんて選択肢はなかったんです。

母の「大黒柱になってほしい」という意向で、大学に進学することにしました。その受験のために泊まったホテルの浴場で外国人に話しかけられたのに、全然理解できなかったんです。愕然《がくぜん》として、大学では英語を勉強しようと決めました。

地元の国立の工業大学では、母親に報いなければと勉強を頑張りました。周囲が遊んでいる中、自分だけ学部一年で大学院の授業も受けていました。英語で実施される授業では、留学生と仲良くなって、タイ料理を作ってもらったり、宗教の話をしたり、世界が開けていく感じがありました。

そのころ「トビタテ！」のポスターを見かけ、「日本代表」という言葉や、同じ志を持って

語れる仲間とのつながりに魅力を感じ、応募しました。専門家と、日本の浄水技術をマレーシアに移転するプロジェクトを推進しました。山奥で大変だったけど、素晴らしい経験でした。

帰国後、自分の頑張りに目をかけてくれた先生に誘われて、飛び級で大学院に進学しました。授業料を一年分カットできるし、海外に飛ばしてくれる先生だったんです。業務スーパージャパンドリーム財団の奨学金をいただいて、アメリカに留学しました。でも研究のレベルが全然違ってしんどかった。同じレベルでは研究を続けられないと、大学院を辞めました。同時に、研究が社会とは断絶されていることに疑問があり、研究開発を世の中に接続できる仕事をしたいと、ユーグレナという会社に就職しました。

四、五社を相手にめちゃくちゃ仕事したんですが、もっと目の前の相手と深く関わることがしたいと、10Xに転職しました。小売店と提携したネットスーパーのようなサービスで、事情でスーパーに来店できない方にもご利用いただいていて、お客さんの役に立っている実感が持てるのは大きいです。

その瞬間にやりたいことを一生懸命やって、気が変わったらそこで考えるという生き方をしていますが、ちゃんと誰かに誇れるような仕事をしているのか、誰に価値提供しているのかという自覚は、ずっと軸として持っていたいです。

留学から得たのはバイタリティとか冷静さ、物怖じしないところとか、ふとしたときに助けてくれる精神的な能力だと思います。

Column
Interview

探して走って、切り開く

南綾香さん
株式会社ＤｅＮＡ勤務

学生時代に海外インターンを経験し、ＩＴベンチャーのＤｅＮＡに就職。マーケティングに従事しつつ、複業として老舗ちりめん生地メーカーなど、地域企業の支援や、地域活性化を行う。最近は奈良一刀彫りも嗜む。
★ＳＮＳアカウント　https://www.facebook.com/ayaka.minami.9028

十歳のころ、さくらももこの『ももこの世界あっちこっちめぐり』という本に感銘を受けました。奈良で育って、子どものころから周囲になじみにくく、三姉妹の中で自分にだけ特徴がないというコンプレックスもあって、海外や英語に興味を持ちました。

大学では、英語を話す機会をとにかく増やしました。英語で開講される授業を多数受けたり、外国人と言葉を教え合うランゲージエクスチェンジに行ったり、通学中にＴＥＤのスピーチを聞いて、同じイントネーションで話せるようになるまで繰り返したりするなど工夫しましたね。

友人に教えてもらい、学生が各国の大使になりきる「模擬国連」にも入って、米国の国連本部で開催される一番大きな大会にも応募しました。選考ではまだ英語も話せない状態で、周りは有名大学の優秀な人たち。でもとにかく発言して議場を走り回っているうちに、選出されました。会議を動かしているように見えたんだと思います。政府や企業の支援をいただいて渡米しました。

海外インターンシップには、お給料をもらいながら行きました。検索するとエージェントばかりが出てくるし、お金をかけないと無理なのかと思ったんですが、業界や派遣地域を絞って検索すると、インターンを募集している企業そのもののＨＰが見つかって直接応募し、タイに行きました。

イギリスへの留学は、成績が足りずに私費でした。でも、大会で表彰されて大学からいただいた賞金やその他の補助金、バイト代に親の支援も足して費用を工面しました。授業は大変でしたが、韓国人の彼氏ができて、おかげで英語がとても上達しました。

イギリス滞在中に、スマホ関連の商品を作っている日本の会社の営業代理もやりました。その中で、ドイツの業界団体の「スタートアップベルリン」に応募して、ドイツやスイスの見本市に出展させてもらいました。世界各国の人たちと出会ったりプレゼンしたりとチャレンジしたのが楽しかったです。

自信満々で帰国して、その会社の子会社立ち上げに参画したのですがうまくいかず、何も教わらずに仕事するのは難しいと痛感して就活しました。若手でもいろいろ挑戦させてくれそうなメガベンチャーに入社し、部署をまたいで仕事をさせてもらっています。

最近は自分の専門性を持ちたいと、複業（副業）で伝統的な製品を扱う会社のマーケティングを手伝ったり、グローバルシェーパーズという若手のコミュニティに加入したりしながら、これからの道を模索しているところです。

第三章　チャンスをつかむコツ

どうして「お得な情報」が見つからないのか？

私の場合、コスタリカ、フィリピン、ベトナムなどへの七カ国と、船での世界一周の旅は、全額負担してもらったり、お給料をもらったりした完全に「ゼロ円」での渡航でした。渡航先から近くの国に友人を訪ねたり、一部だけの負担や、スタッフ割引でお得に行ったりした国は、三十二カ国。海外滞在の総計は、四十一カ国、約四年になります。

そういう話をするとよく、「うらやましい！　そんなことできるの？」と驚かれますが、「ゼロ円」で海外に行くチャンスは、実はいろいろあるのです。確かに、国際社会への貢献に力を入れていたり、専門分野があったりするとより有利ですが、**学校や職業に関係なく、つかめるチャンスもあるのです**。それなのに、そんな情報に出会えていない人もいます。それはどうしてでしょうか。

行きたい人と送り出したい人のすれ違い

どうやら海外に送りたい人が情報を公開するやり方と、海外に行きたい人の情報の探し方が、すれ違っている状況があるようです。

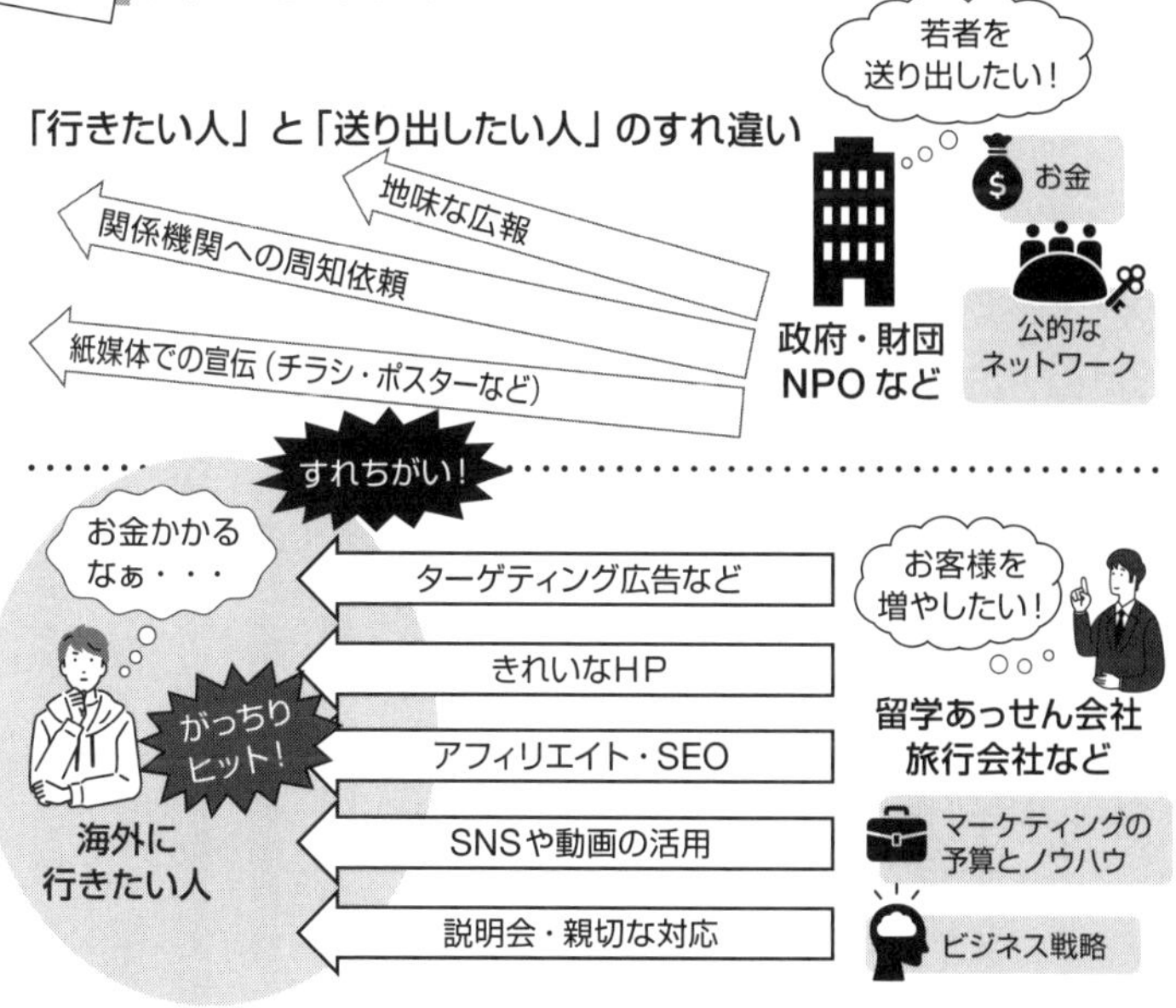

若者を海外に送りたいと思っていて、それを実現するためのお金や力を持っている人は、どういう人たちでしょうか？

・税金で予算を組める政府関連の組織
・教育・研究機関
・都道府県の議員や職員の方々
・規模が大きく歴史のある業界団体やNPO

少し想像がついてきたでしょうか？

昔ながらのやり方が得意な人たちです。これまでずっと、紙のチラシを作って、関係機関にどさっと送ったり、大学や業界団体の人たちに告知をして、紹介してもらったりして、人を集めてきた人たちです。

サブスクやネットショップの会社とは、ず

 イラスト：matsu/Adobe Stock, gugu/Adobe Stock

いぶん違いますね。そもそもビジネスでやっていないので宣伝に予算をかけられなかったり、「欲しければ自分で探しに来てください」というスタンスになったりすることもよくあります。ホームページのデザインや見やすさを工夫する必要性を感じていない団体や、ルール上SNSが使いにくい組織もあります。応募が殺到しても対応しきれないので、あえて目立たずひっそりやることにしている小規模な集団もあるのです。だから、彼らは**インターネットの世界では、目立ちにくい**のです。

こういった組織には、インターネット上に、強力なライバルがいます。留学エージェントなど、ビジネスとして人を海外に送り出す会社です（これはこれで素晴らしい仕事です）。こういった会社は、お客さんが多ければ多いほど利益が大きくなります。だから広告やマーケティングにも力を入れていて、「どうやったら競合よりもお客さんにリーチできるか」を毎日考えます。結果、検索エンジンやSNSのフィードでは、若者に「ゼロ円」などで海外に行かせてあげる非営利な団体の情報が、埋もれてしまいやすいのです。

試しに「留学」など、気になる検索ワードで調べてみてください。ほとんどの場合、最初のページに表示されるのは、有料の「留学支援サービス」でしょう？　そして、その次に「留学のメリットデメリット」のような、アフィリエイトの記事（リンクを貼ることで報酬を得るサイト）が表示されますよね？　だからちょっと調べるだけだと「他人のお金で行く」チャンスには出会えないのです。

チャンスをつかむ経路には「正攻法」と「裏技」の両方があります。インターネットだけでなく、いろいろな経路で情報を集めて、ときには泥臭く、チャンスをつかんでほしいのです。そのコツをこれからお伝えしますね。

「正攻法」にも幅がある！

まずは正攻法から行きましょう。一番わかりやすいのは、公式な窓口から応募することですね。しかし、先ほど説明した「すれ違い」のせいで、応募したくても、窓口が目立たなかったりするのが難しいところです。だから、まずは応募先を見つけるために、上手に動く必要があります。

◆公的な情報が集まる場所に行く

まず行ってみてほしいのが、公的なところ。大学なら「国際交流課」、市町村なら「国際交流センター」などです。とりあえず行ってみて、チラシを探したり、職員さんに話しかけてみたりしてほしいのです。

こういう事務局にリアルに足を運ぶのは少し面倒ですし、お役所っぽくて地味だから、ついつい後回しにする人がいます。気持ちはよくわかりますが、まずは行ってみてほしいと思います。なぜなら、お金や力、情報を持った人たちとのつながりが深い場所には、**インターネットで検索しても見つからない情報が流れてきている**可能性があるからです。

実際に私が内閣府の「世界青年の船」を最初に知ったのは、国際交流室のパンフレットです。十三カ国の仲間と、一カ月半かけて三カ国を回るプログラムでした。自己負担は二十万円。安くはないけれど、予算全体は、ひとり当たり二百万円ほどとのことなので、とてもありがたいプログラムです。海外から参加する青年たちには、その国の将来を担うような人たちがいて、ただの観光旅行では出会えない人たちに出会えます。

そして、チラシを見るだけではなく、ぜひ**職員さんに話しかけてほしい**のです。そこにいる職員さんは、あなたの国際交流を手伝いするのが仕事です。忙しくても、あなたを邪険には追い払えません。そして聞きたいことを、何でも聞いてみてください。そうやって話し合う中で、「それなら、こういうことを調べてみたら?」「それは募集が終了しちゃったけど、来月こんなプログラムの募集があるらしい」などと、**職員さんの頭の中にしかない情報を教えてくれる**可能性もあります。

何かの事情で実際に行けなくても、ぜひメールを送るとか、電話やオンラインで個別の相談の時間を予約するなどして、**顔と名前を覚えてもらってください**。いいチャンスがあったときに「あっ、これはあの人に知らせてあげないと」と思い出してくれるかもしれませんから。

◆情報収集の幅を広げる

情報収集のために試してみてほしいことがもうひとつあります。紙媒体、つまり印刷された雑誌や広報誌に目を向けてみることです。**教育機関や行政など歴史や権威のある（そしてお金を持っている）組織は、今も紙媒体を強く信頼しています**。昔ながらの付き合いもあり、紙媒体だからこそ情報の掲載をすることもあります。もしかしたら、「それぐらいしっかり調べる人に来てほしい」と思っているのかもしれませんね。

たとえば、『留学ジャーナル』には、短期・長期の留学や奨学金だけでなく、ワーキングホリデーや海外インターンシップ、就職・転職情報などさまざまな情報が載っています。だから、まずは一冊買ってみて、パラパラとめくってみてください。図書館でバックナンバーに当たるという方法もあります。リアルな体験談やノウハウ、イベント情報からちょっと堅めの記事まいろいろあって、想像以上に楽しめるはずです。気になる情報をたどって、次の行動に結びつけてみてください。

◆インターネット検索も根気よく

インターネットでの情報収集も、やはり重要です。ウェブでの情報発信に力を入れているＮＰＯや公的機関も増えてきていますが、どうしても埋もれがちです。ＳＮＳだけでなく、検索エンジンでも調べてみる、検索結果は最初の数ページだけじゃなくて十ページぐらい見てみる、検索ワードを工夫してみるなどという努力をしないと、せっかくチャンスはあるのに、その情報にたどり着けないこともあります。

◆あの手この手で、情報取集！

「正攻法」での情報収集をお伝えしてきました。まとめると、**昔からのメディアも活用して、幅広く情報を集めよう！　情報の集まる場所に足を運ぼう**ということです。そして、気になったら直接問い合わせて、できれば担当者とお互いの顔と名前がわかる関係性を作ってみてください。さらなる情報を教えてもらえるかもしれません。

これまで海外に行きたいと思っていた多くの人に触れてきた中で、こういった行動を実際にしている人と、わかっていても結局やらない人とでは、チャンスをつかめる確率が大きく違ってきます。**「（お金を持っている）昭和の人たち」と「デジタルネイティブの若者」とのコミュニケーションがすれ違っているだけ**。向こうがこちらにリーチしてくれるのを待つよりも、**こ**

ちらから出向いた方が、はるかに確実で、手っ取り早いのです。それに、海外に行ったら、いろんな形で情報収集しなきゃいけなくなるときもあります。その予行演習だと思って、日本語が通じる場所にいるうちにいろいろやってみましょう。

意外と効果的な裏技たち

正攻法に加えて、公式の窓口からでない形でチャンスをつかむ裏技もあります。**大々的には公開されていない経路やチャンス**です。私の知り合いにも、出会った経営者に気に入られて、「君に支社を立ち上げてほしい！」と中国に送りこまれた人、自分自身で立ち上げたメディアをテコに、海外にも関わる仕事に採用された人、個人的なつながりから、海外での短期教育プログラムを主催している会社に紹介され、「この仕事は、ホームページにも募集を掲載していないんですが」と、海外での仕事を依頼された人など、いろいろな人に出会ってきています。私自身も、さまざまチャンスをいただいてきました。

正攻法ではない裏技なので、わかりやすい方法ではないのですが、コツは、**「フットワーク」「貢献」「提案」**の三つです。

◆コツ① フットワーク

とにかく思ったこと、やれそうなことは何でもやってみたり、言ってみたりしましょう。私はオランダまで「ソリューション・フォーカス」という、問題解決の手法に関する世界大会に事務局担当として連れて行ってもらったことがあります。そのきっかけは、ソリューション・フォーカスについての本にほれこんで、その本を翻訳された方に「会いたいです！」と熱いラブレターを送ったことでした。**これが気になる、楽しそう、見てみたい。そういう気持ちが生まれたときには、実際に動いてみる。**誘われたりチャンスらしきものがあったら、まずは飛びこんでみることで、チャンスが開けます。よく「幸運の女神には前髪しかない」と言われますが、確かに瞬発力、フットワークの軽さは、とても大切です。いざ行ってみたら面白くなかったり、失敗したりすることもありますが、人生に悪影響を与えることもありません。そして素敵なチャンスだったら、人生全体にいい影響を与えてくれます。

◆コツ② 貢献

ふたつ目は貢献。出会いの中から、自分にできることを見つけて、誰かの力になってみることです。ちょっとしたことでいいですし、**人より上手でなくても構いません。**たとえば国際系イベントの、当日の雑用でも十分です。参加者の立場であっても、人手が足りなさそうなところを見かけたら、「やりますよ！」と椅子を並べたり、資料を運んだり、少しお手伝いすることもできます。「お手伝いできることありますか？」と聞いてみるだけでもいいのです。状況にもよりますが、**そのように気遣ってくれる人や、笑顔で頑張ってくれる人がいたら、主催者側としても嬉しいですよね**。それに、自分としても受け身のお客様でいるよりも、**提供者でいる方が楽しい**ものです。

一緒に動くことで、主催者たちとも打ち解けて、**「お客様」から「仲間」に**なれます。この違いは大きくて、信頼されたり、お互いに応援しやすくなったりします。次のイベントには、スタッフとして参加できたり、企画段階から関われるかもしれません。貢献の結果、あなたのスキルも高まります。そこでつかんだチャンスや身につけたスキルは、さらに別の貢献に活かして、ちょっとずつチャンスを広げていくこともできます。

最初は、小さなことから始めるのでもいいのです。イベントの主催者や講師に「めっちゃ勉強になりました。特にこのあたりがすごく面白かったです」と言うだけでも、相手はちょっと嬉しくなります。誰かの投稿に「いいね！」するだけじゃなくてコメントするとか関連した情報を書きこんであげるのでもいいのです。それも立派な貢献です。やり続けているうちに、それが伏線となって、新しい展開につながっていくこともあります。

◆コツ③　提案

最後のひとつが、提案です。こちらから、「私にはこんなことができるけど、やらせてくれない？」と言ってみることです。**誰かが、「こういうこと一緒にやれる人いないかな」と思いながらも、口に出していなかったり、あなたがやりたがっているのを知らずに、お互い損をしていることもあります**。だから、自分から提案するのです。ちょっと難しく感じるかもしれないけれど、これまでの「フットワーク」と「貢献」が強力な土台になってくれます。フットワーク軽く動く中で、自分と相性のいい人が見つかってきます。そして貢献する中で、あなたの能力も知ってもらえますし、あなたのスキルも高まっています。**「伏線を張りまくった」有利な状態**で、提案できるのです。

「もしかして……」「やってみたいかも？」「何かできそう！」と思ったら、とりあえず言ってみましょう。嘘や誇張はNGですが、提案すること自体は迷惑になりません。むしろ、黙っていて、あとで「言ってくれてたら、お願いできたのに」となるほうがもったいない。言うだけならタダじゃないですか！　ダメもとでいいのです。私もそのように、お客様から提供者の立場に、「無料で行く」から「お給料をもらいながら行く」立場へと変わっていきました。**立場が変わると難しいことも増えますが、その分、楽しさややりがいも大きくなります**。

とにかくフットワーク軽く動く、そしてコミュニケーションをとる、できることはどんどんやる。すぐには成果が出ないかもしれませんが、種まきのつもりでいろいろやってみてください。出しゃばるようで苦手な人もいると思うけど、欧米に限らず海外のほとんどの国では、「遠慮せずいいことをする」のがスタンダードです。日本人は、世界の中でも極端に奥ゆかしい部類に入るので、**ずぶとく貢献するぐらいがちょうどいい**のです。その練習だと思って、ぜひ今のうちにやってみてください。びっくりするくらいの素敵なチャンスをつかめるかもしれませんよ。

Columun 2

貢献することがチャンスに

二十七歳の夏、友だちに誘われて、環境や社会について考える、「チェンジ・ザ・ドリーム・シンポジウム（チェンドリ）」というワークショップに参加しました。参加費は千円ぐらいだったので、友だち作りぐらいの気軽な気分でした。エクアドルの先住民と関わりのあるワークショップだったのですが、本当に素敵なプログラムで「何かお手伝いがしたい」と思い、ワークショップの終了後も、プログラムの一部改訂を翻訳するチームに参加しました。

翻訳も完了した年末、チェンドリとは直接関係のない忘年会に参加したときのこと。料理をつつきながらみんなでおしゃべりをしているときに「チェンドリをやっているNPOのリーダーたちが、エクアドルの先住民に会いに行くツアーを考えているらしい」という話を聞きました。たまたま忘年会メンバーに、チェンドリの中心的な役割を果たしている人がいたのです。思わずその場で「僕スペイン語できるんですけど、通訳として使ってもらえないですかね」と聞いてみました。あらためて代表に紹介してもらって、自分の経験もアピールしてみました。代表も「ああ、プログラム改訂の翻訳チームにいた人なんですね」と信頼してくれたのでしょうか。通訳として、割引価格でエクアドルに連れて行ってもらいました。

アマゾン流域の先住民を訪れ、儀式に参加し、熱帯雨林を歩き、アマゾン奥地の川で泳ぎ、虫にかまれ、チチャというお芋の口噛み酒を飲み、夜明け前にワユサ茶を飲んでゲロゲロ吐いて胃腸を浄化しました。ツアー旅行では近寄りもしないところに行けて、出会えなかったであろう人に出会えて、参加メンバーも素敵な人たちで、素晴しい旅になりました。

こういう機会がもらえたのはスペイン語を話せたからだし、本当にラッキーなことではあったけれど、その前にフットワーク軽くイベントに参加したり、翻訳チームに参加したということがあったからこそだったと思います。

海外とは関係ないのですが、このチェンドリの翻訳チームは、もうひとつ僕の人生に大きな影響を与えています。翻訳チームで一緒に組んだ方もコーチングをしていて、何だか意気投合。その人の熱烈な誘いでお目にかかったコーチが素晴しい方で、当時の僕が悩んでいたテーマに対する最適のノウハウを持っている人だったんです。結局その方のコーチングスクールで学んだことが、今の僕のプロコーチとしての土台となっています。

ひとつのご縁が、また次のご縁につながる。そこから学んだことを、さらに次につなげていくことで、想像していなかった景色が見えてくる。世界や出会いって、面白いなと思います。

探すだけでなく情報が集まる環境を作ろう!

情報を取りに行くのも大切ですが、いい情報が自然と入ってくる環境を作ってしまうのもおすすめです。掘り出しものの情報って、隠されているわけでもないけれど、目立たないことも多いので、全部自力で見つけるのは大変です。誰かが「そういえばあの団体が」とか、「○○さんが、こんな企画があるらしいって言ってたよ」と教えてくれたら、とてもありがたいですよね。

でも、そういう掘り出しもの情報って、意外とシェアされにくいのです。本気で海外に行きたがっている人って、実はあまりいなくて、十人にひとりかふたりいたら多い方です。そういうマニアックな情報をシェアしても反応がないから、わざわざシェアしなかったりするのです。みなさんも、「こんなのあるよ」という投稿やメッセージを送るたった十秒が、ついついメンドウで忘れてしまったり、「的外れかな」と遠慮してしまうこと、ありませんか? **別にケチなわけでも、隠しているわけでもなく、そこには「メンドウの壁」があるんです。**

だから、その薄いけれど強力な、「メンドウの壁」がないところに自分を置きましょう。なにか面白そうな情報を見つけたときに「あっあの人に教えなきゃ!」と思い合える関係を作ったり、気前よく情報をシェアし合えるようなコミュニティーの一員となったりしていきましょう。私もこの本の執筆にあたって、あらためて情報収集をしましたが、現代でもやはり、人づては強いのを痛感しました。**「他にはないチャンス」をつかんでいる人ほど、人づての情報をたどるのが上手です**。そして、こういう動きが上手になると、海外に行くためだけでなく、現地でも嬉しい体験がいろいろできたり、それ以外の領域でも、スムーズに仕事や人生を進めやすくなります。

そのための第一歩は、地味だけど、知り合うこと、仲良くなること、そして覚えてもらうことです。リアルでもオンラインでも、人に会ってみることです。国際系のボランティア、勉強会、旅人の集まる飲み会……。探せば何かしら、面白そうなイベントは見つかります。そこに参加して、似たような興味・関心を持っている人とつながっていきましょう。

Givers Gain

そういう人たちと知り合ったら、こちらからも「メンドウの壁」を越えて、情報をシェアしてみます。「情報」というと難しそうに聞こえますが、**普段のおしゃべりの延長でシェアする感覚でOKです**。自分の好きなこと、興味あることって、ついついシェアしたくなりますよね。それをいつもより少しだけ、頑張ってみるのです。面白かったサイト、たまたま聞いた話、ちょっと調べてみたこと。「自分には興味ないけれど、この人なら面白がりそうな話をする」とか、「共通の興味を持っている友だちをつなげる」とかもありですし、話題は海外に関係ないことでも構いません。目の前の人に「この人にシェアしてあげられること何かないだろうか?」とほんの少しだけ考えてみて、もしも見つかったら、とりあえず言ってみたり、リンクを送ってあげたりするのです。

シェアしたことのほとんどが、「あっ、私も知ってる!」で終わったり、「そうなんだ〜」と流されても、それでいいのです。情報が本当に役立つかどうかは、実は相手次第だったりするので、こちらの問題ではありません。十回に一回ぐらいはヒットして、「あっ、面白そう!ありがとう!」と言われることになります。ガセネタはNGですが、シェアした情報が役立たなくても、「この人は私のことを気にかけてくれた。『メンドウの壁』を越えて、教えてくれた」というだけで嬉しいものです。それに、この人はこういうことに興味あるのだなと覚えてもらえます。だから「メンドウの壁」を越えて、気前良くシェアしていきましょう。

私たち人間には、「返報性の原理」というものがあります。集団でないと生きられない人間が培ってきた、「何かしてもらったら、何か返してあげたくなってしまう」という心理です。特に情報はお金と違って、人にシェアしてもなくなりません。**あなたが情報を提供すると、あなたにも情報が集まりやすくなります。**相手も、「何か面白い情報があったら教えてあげよう」と思うようになるのです。**まさに、Givers Gain（与えるものがより多くを手に入れる）です**。そうやってお互いに情報を伝え合っているうちに、ときどき大ヒットが生まれます。情報交換を繰り返しているうちに、自然と、気前よく貢献し合う仲間が増えていきます。そしていつの間にか、自分のまわりに、良質な情報が流れる環境ができていきます。

十回口にする

情報交換や、情報提供以前の、簡単な方法もあります。それは、とにかくいろいろな人に海外に行きたいと言い続けることです。

あなたの目の前にいる人は、一見、海外とのつながりはないかもしれません。しかし、あなたが知らないところで、その人が海外に関わっている可能性もあるのです。子どもの教育関連の人と思っていたら、実は海外での教育事業にも関わっていたとか、ただの酒好きだと思っていたら、日本酒を海外に広める活動もしていたとか。目の前の人自身は海外に関係なくても、その友人や家族が、とても海外に詳しいかもしれない。そういう偶然のつながりを作るために、最初にできることが、**とにかく何度も口にする**ことです。ほんの少しだけ会話の流れを変えてしまってもいい。五回言っても、たぶん何も起きません。十人に話しても何もないかもしれません。でも百回言ったら、千人を相手に話したら、その中で誰かが「あっ、それなら」と、情報をくれることがあります。そのための、一番シンプルでお金のかからない方法が、何度も口にし続けることです。

十回口にすると書くと「叶う」という漢字になります。バカみたいに言い続けることは、意外とパワフルだったりします。

私が、仕事としてベトナムに行くチャンスをもらったのは、大阪・通天閣近くの串カツ屋さんでのことでした。独立したばかりのころ、アルバイトと勉強を兼ねて、遠足と教育を掛け合わせたプログラムのお手伝いをしていました。そこで知り合った友だちが数年ぶりに連絡をくれて、「東京の仲間が久しぶりに大阪に来るから、通天閣に連れて行ってあげようよ」と誘ってくれたのです。大好きなふたりだったので当然参加。一緒に串カツをたべながら、近況報告をしていました。もっと日本の人と海外をつなげていきたいこと、人と人とが出会い、向き合い、お互いから学ぶということの素敵さなどについてあらためて話していると、その友だちが、「ひろさ、今、俺ベトナムで『海外ビジネス武者修行』の仕事やってんねんけど、社長と会ってみいへん?」と言い出したのです。なんだか面白そうなのでぜひ紹介してとお願いして、そのために東京に行ってきました。そして私も、二週間ベトナムで、本気で学生に向き合って、成長を支援する仕事をさせてもらうことになりました。驚くほど要求が高く、ハードでしたが、すごくやりがいのある仕事でした。私自身が大きく影響を受けて、ビジネスや人生をどんどん変えていくきっかけになりました。たぶんその友人が「通天閣行こう」と言ってくれたときは、私にその仕事を紹介する気はなかったと思います。そもそも三人とも、日本の小・中学生に関わる仕事で、あまり海外っぽさのないつながりでした。ですがそこで、自分の想いや、やりたいこと、大切にしていることを語ったことで、「あ、それならひろも巻きこもう」と思ってくれて始まったのです。

Column 3

誰か見てくれますように！

キャンパスを歩きながら、一枚一枚ビラを貼っていきます。思わず、手を合わせて祈りたくなります。チリに一年間留学していたときの四カ月目ぐらいのことです。

卒論のリサーチもしようと留学してきたのですが、日本で考えていたテーマが的外れだったことがすぐに判明しました。僕のスペイン語もまだまだ初級レベル。これから何をやっていけばいいのか、途方に暮れていました。

とにかくできそうなことを模索しながら過ごす中で、体を動かすことは、言葉がいらないので楽だなと思いました。それなら、日本で学んでいた合気道を教えてみるのも面白いかもしれないと思い立ちました。

現地の友だちにアドバイスをもらって、大学の学生課に相談に行ってみました。そうしたら、担当の職員さんが「面白そうですね」と応援してくれて、教室を使わせてくれることになりました。それも、チラシまで作って印刷してくれました！

しかし、当時の僕の合気道歴は、たったの二年。いきなり「武道」などと言って、ごつい兄ちゃんがやってきたら怖い（笑）。だから、「心と体の使い方講座」をやることにしました。合気道でそれまで学んできたこと。僕自身の腰痛を治してくれたり、心身を楽にしたりしてくれた、正しい姿勢の作り方、負担のかからない動き方、意識の向け方や呼吸法などを、五回コースで教える講座です。

開催前夜は、まだまだ言葉もできないから、現地の友だちの力も借りつつ、辞書を引きながらある程度の台本を作って準備をしました。当日は、なんと二十人ぐらいが来てくれました。怪しいスペイン語と英語のちゃんぽんで、なんとか一回目を乗り切りました。

二回目は、七、八人に人数が減っていたけれど、毎回来てくれる五人と、あとランダムに二、三人が来る感じで、一緒に一学期を過ごしました。

やってきてくれたのは、日本の文化に興味を持っている人たちが多く、武道だけではなく、日本の歴史やアニメ、社会問題、いろいろなことについて話し合って、チリのことも教えてもらいました。中には、哲学や心理学、瞑想に詳しい人もいて、「ヒロならこの授業面白いはず」と教えてくれたり、ヨガの先生の家に連れて行ってくれたり、すごく不思議なセラピストを紹介してくれたり。その影響で僕はメンタルや心理学など、心の世界に強く興味を持つようになりました。そして、それが新しい卒論のテーマになり、いつのまにか、人の心に関わる仕事をしています。あそこで、あの仲間たちに出会っていなかったら、今の仕事をしていなかったかもしれません。海外に行っても、「提供する」ことは大きなチャンスにつながります。

いざ応募！　採用確率を上げるコツ

正攻法も裏技も使いながら、チャンスを探していく中で、奨学金などのプログラムに応募することもありますね。充実したプログラムには、選考がつきものです。私自身も、何度も応募して、落ちたことも採用されたこともあります。応募するまでの作業は疲れますが、やる価値はあります。書類と面接に十時間かけたとしても、それで百万円を超す支援がもらえるとしたら、時給換算で一時間十万円以上です。

応募する前にまず知っておいてほしいことは、**「私はすごい人材です」と伝えればいいというわけではない**、ということです。ここを取り違えて失敗するケースも多いようです。

私が二十代のころ参加した国際交流プログラムの面接には、なんだか目立つ人たちがいっぱい集まっていました。学生団体を立ち上げてバリバリ活動している人、ギター片手に日本を一周している人、恐ろしく英語がペラペラの人。「すごいなあ、こんな人たちと一緒に参加できたら面白いな」と思っていたのですが、なんと、そういう人たちはほとんど選考に残らなかったのです。

後から知ったのですが、実はそのプログラムでは団体行動ができることが重視されていました。長期の共同生活なども含まれるプログラムだったので、もめごとを起こさず、ルールを守

広げると、共感が生まれる

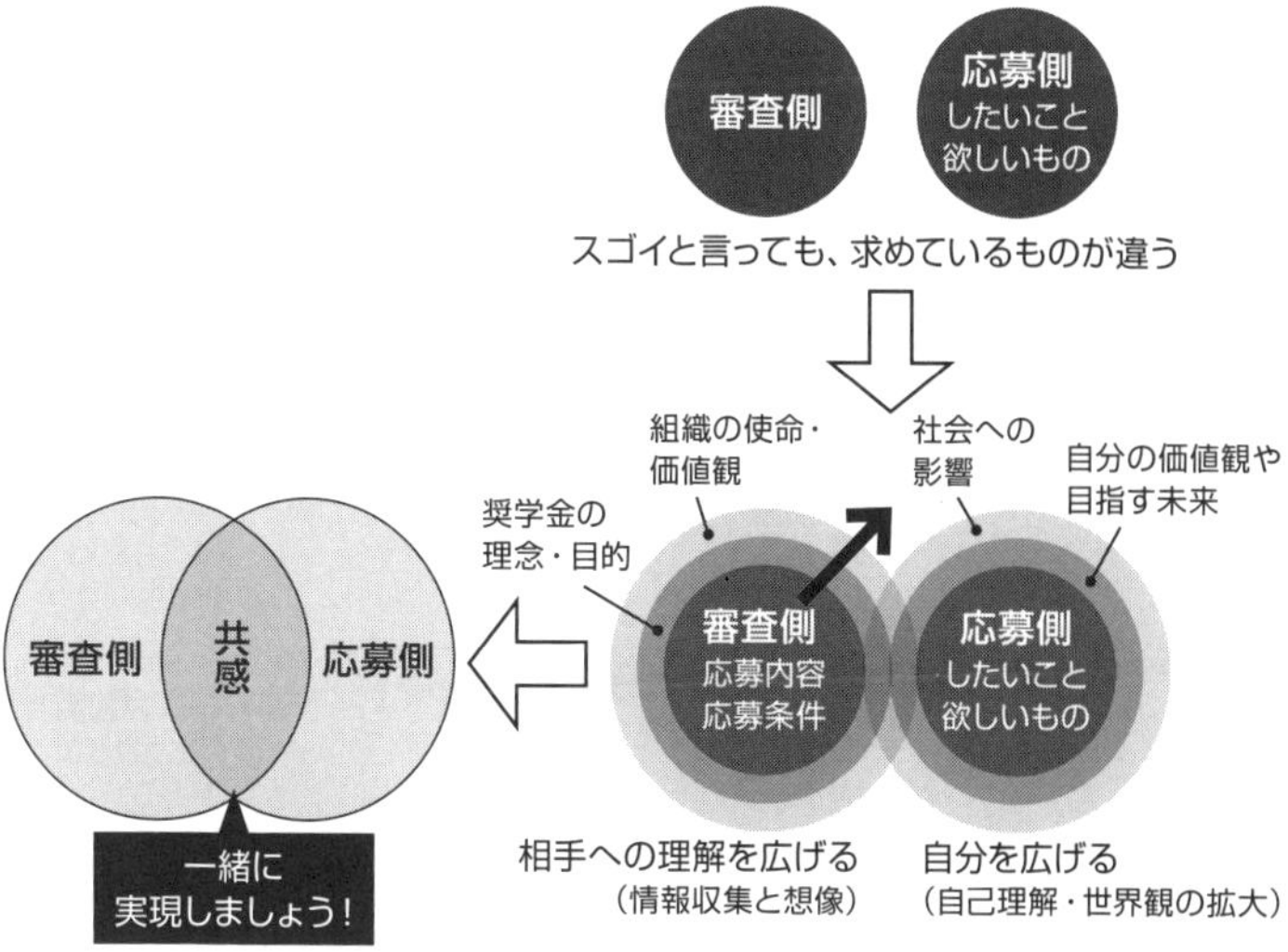

れることが重要で、優秀さよりも、調和性が強く求められていたのです（そんな中で、私みたいな空気の読めない人間が選ばれてしまったのは、もしかしたら、「社会人の男性」というところに、希少価値があったのか……）。

面接で作りあげたいこと

伝えるべきことが、自分のすごさじゃないのであれば、いったい何を意識すればいいのでしょうか？

ここで一度、選ぶ側の立場に立ってみてほしいのです。

あなたが、ある奨学金プログラムの担当者だったら、どのような人に、お金を出したくなるでしょうか？ 想像してみましょう。

その人たちは何のために、その奨学金のプログラムをやっているのでしょうか？　その団体には、どんな使命や目的があり、奨学生に、どのようなことを期待しているのでしょうか？

それぞれの団体の価値観や考え方は少しずつ違うけれど、ほとんどの団体は、奨学生の「成長」や「伸びしろ」に期待をかけて、お金を出しています。「この人を海外に送ったら、とても頑張って、大きく成長しそうだ。未来が変わりそう！」と思う人たちに、投資したいのです。もしも「この人がすごいのはわかったけど、我々が支援しなくてもいいよね」と思われてしまったら、むしろ失敗なのです。**どれだけすごいかではなくて、相手に「この人を育てたい」と思ってもらうことが大切なのです**。

書類や面接を通して作りあげたいのは、

・あなたとその団体との共感（価値観や大切にしていることが近いなど）
・あなたへの信頼（支援を無駄にせず、サボらず真面目にやってくれそうなど）
・あなたへの期待（未完成だけど、大きく伸びそうなど）
・あなたを支援する必要性（直面している壁と、その壁をぶち破るために支援が必要な理由）
・その団体にとってのメリット（支援がその団体のビジョンの実現につながるなど）

です。

つまり大切なのは、**「どれだけすごいか」ではなく、「マッチング」**なのです。相手の視点に合わせてプレゼンテーションをしましょう。実績を伝える必要があるとしたら、それは信頼を作るためです。夢や目標を語るなら、それは「私たちのビジョンと通じるところがある」と思ってもらうためです。英語の書類が必要なら、ネイティブチェックを入れたほうがいいときもありますが、英語がきれい過ぎると「わざわざ海外に行かなくても、もう大丈夫なのでは」と思われてしまう可能性もあります（「誰かに書いてもらってるかも」と思われる可能性もあります）。

何が重視されているのかを察知するには、相手を知ること。そのためにまずはデータが必要です。誰が立ち上げた団体なのか、どういう歴史があるのか、どういう使命を掲げているのか、どういう人を想定した奨学金なのか、母体はあるのか、これまでどういう人が選ばれたのか。さまざまな角度で情報を集めたうえで、それぞれの団体が、どういう人にどうなってほしいのかを想像します。そして、お互いの共通点を探していくのです。これも、**異文化コミュニケーションの練習**になるかもしれませんね。

自信がないときは

海外に行きたい人の相談に乗ってきた中で、応募する前にも、合格したあとにも「自信がありません」と悩む人にも出会ってきました。誠実な人だからこそ、不安になりもするのだろうと思うのですが、そういうときは、「自分の責任範囲はどこ？」と考えてみてほしいのです。あなたが「受かる」「受からない」を決めるのは、実はあなた自身ではないのです。**決めるのは、採用の担当者。そして、「あなたを採用した責任」をとるのも、その人です。**

どう選考するか、誰を採用するかについて、あなたは何もできません。それはあなたがコントロールできることではない。そして、あなたに責任はない。もしもあなたが「不適格」なのに採用されたとしても、それはあなたのせいではありません。採用した担当者の判断ミスなのです。

あなたの責任は、相手が少しでもいい決断ができるように、上手に情報提供をすることです。だから誠意を尽くして、正確で十分な情報提供を心掛けましょう。そして、もしあなたが選ばれたなら、ぜひその団体に選ばれた自分を信頼してあげてください。相手は、何度も選考を経験してきたプロです。あなたを選んだその判断は、おそらく正しい。だから胸を張って、ベストを尽くすと覚悟を決めて、全力で挑戦すればいいのです。そうすることが、あなたの責任です。

周囲の反対について

日本には、どちらかというと、チャンスよりもリスクを気にする傾向があります。「海外に行きたい」と表明すると、いろいろところから「やめたほうがいいよ」「こういうリスクもあるよ」と言われることがあるかもしれません。相手のことを気遣って、つらい思いをさせないための優しさなのかもしれませんが、それを足かせに感じてしまうこともありますよね。そして、自分の中からも、「でも仕事はどうするの?」「危ない目に遭わない?」といった声が聞こえてくることもありますね。

私自身は、そういう言葉に対しては「参考にはするけど気にしない」「感謝を伝えてスルー」ぐらいがちょうどいいと思っています。

目の前にある世界をどう読みこむかは、本当に人それぞれ。だから、どういうプランにもケチをつけることはできます。同じリスクを、どれだけ大きく捉えるかも人それぞれ。だから、あなたにとっては素敵なプランも、別の人から見たら、突っこみどころ満載なのは当たり前です。突っこみどころがいろいろ見つかるのは、必ずしも、あなたのプランがだめだからとは限りません。絶対うまくいくことがわかっているプランなんて、ただの出来レース。それでは面白くありません。

それに、この変化が加速する社会の中で、予想外のことをなくすのは無理です。むしろ、予想外のことを避け続けているうちに、本当に想定外のことが起きたときに対応できなくなります。毎日少しずつリスクをとって、失敗したりうまくいったりしながら、**想定外のことに対処できる筋力をつけておく**ことが大切だと思います。よく言われることですが、リスクを取らないことが、最大のリスクなのです。

だから、「死んじゃう以外はかすり傷！」。誰かから突っこみをもらっても、「なるほど、参考にします。ありがとう」と伝えて、あらためて自分が欲しいものに集中するのがいいと思っています。ときには「確かに、それは気になる」と思えるような突っこみをくれる人もいます。そのときは、そのリスクにどう対処するかを考えて、メモしておけば大丈夫です。それに、対処法がわからなくてもいいのです。その場になったら何とかなることも多い。別にいくつか失敗したところで、致命的なことにはなりません。**命に関わるような危険以外は、通り過ぎてしまえば経験値ですから**。

だから、心配する声には、感謝を伝えて、あらためてあなたが進みたい道を歩き続けましょう。

背景を共有し、同じ土台に立つ

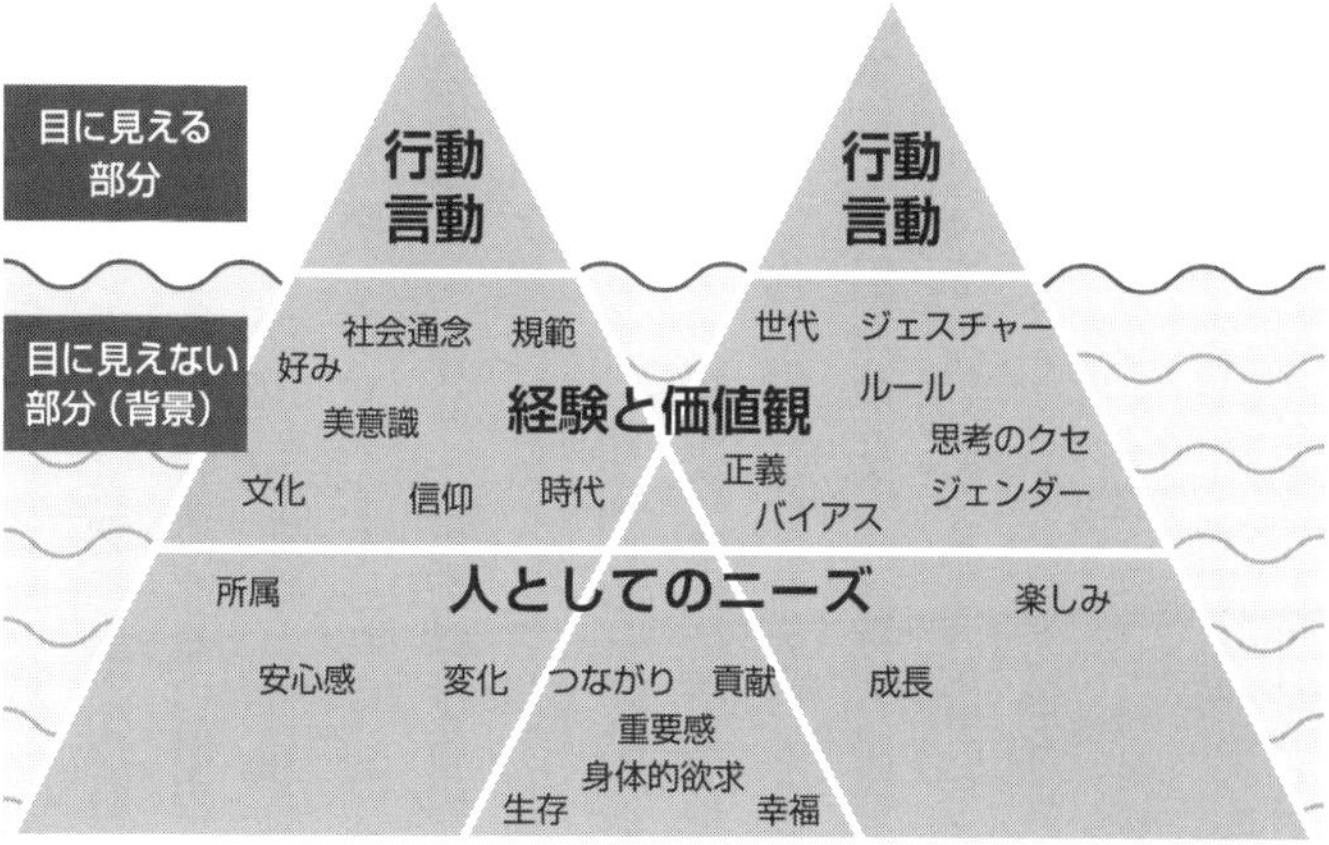

大切な人の反対意見

とはいえ、大切な人が繰り返し反対している場合は気になってしまいますよね。もしかしたら、それだけで諦めそうになることもあるかもしれない。できれば、大切な人とはきちんと向きあって、お互い納得したうえで進めていった方が、心地よいです。

そういうときに一度やってみてほしいのは、相手の「反対意見」を論破するのではなくて、「どうしてそれだけ反対したいんだろうか？」というところに興味をもって、じっくり話を聞いてみることです。

人って、自分でも自分の気持ちがわからないときがありますよね。**反射的に「嫌だ」と思って、でも、その「嫌だ」が言葉にできなくて、**

いろいろな理由で反対していろいろな話をしようとしてしまうこと。もしかしたら、あなたに反対しているその人も、言葉で伝えているのとは別の気持ちが、胸にわだかまっているのかもしれません。あなたがいなくなるのが寂しいのかもしれない。最近落ちこんでいて、あなたの話が眩しすぎるのかもしれない。その人にとっては大きすぎるリスクをとってしまう人が目の前にいることが、怖いのかもしれない。**言葉だけではなくて、思わずそう言ってしまう相手の想い（価値観やニーズ）に耳を傾けるのです**。

相手の意見を論破しようとしてもうまくいかないときも、相手のその行動の根っこにある想いとつながることで、相手の気持ちが収まったり、意見をすり合わせる方法が見つかったり、相手の気持ちを受け止めたうえで、あらためて応援してもらえたりする可能性があります。

これから異文化の中で暮らしていくと、相手の「目に見える」行動・言動と、「目に見えない」背景にある価値観とを注意深く区別して、理解していく必要が次々と出てきます。「えっ、そんなのありえない」と思うようなふるまいも、詳しく話を聞くと、実はすごく意味のあることだったりします。そしてあなた自身も、「私がこう考えるのは、こういう背景があって」「日本人がこうするのは、実はこういう理由があって」と話をすることもあるでしょう。そして、その経験が、あなた自身の自己理解や、日本という国への理解を深めてくれます。表面的なところではぶつかっても、同じ人間同士です。**背景や想いまでさかのぼることで、お互いに理解**

し合えることもあります。そのためのいい練習だと思って、一度自分の考えは脇に置いて相手の話を聞いてみたり、丁寧に問いかけたりしてみるのも面白いかもしれませんね。

ただ、私は、うっちゃってしまうのもありだと思います。あらゆる人に納得してもらうのは無理ですし、帰ってきて成長したあなたの姿を見て、初めて「ああ、そういうことだったのね」と納得してくれる人もいます。死ぬまでわかり合えない人もいるでしょう。だから、あなたがあなたの道を進むときに、理解されないからといって遠慮することはありません。**あなたの人生の責任は、あなたしかとれないのですから。**後ろ髪を引かれながらも、それでも飛び出つことも、ときには必要だと思っています。

「前提」をすり替えるとうまくいく

私が以前、ファシリテーターとして仕事をさせてもらっていた「ソフィー・ジ・アカデミー」というスクールは、「洋書で英語力をアップする」という興味深い手法で、生徒さんたちの英語力と、ビジネス力を同時に向上させています。

その教室には、本棚いっぱいに、厳選された英語のビジネス書が並んでいます。テーマは、ドラッカーの経営論や、心理学っぽい話から、マーケティングや営業のスキルまで多岐にわたります。

メンバーの英語力はまちまちです。「仕事で英語も使います」という人から、英語を使うことに慣れていない人まで、同じクラスで一緒に学びます。

みんな教室に来たら、本棚から気になる本を選びます。そして何度かに分けてその本を読んでいくのですが、ここからが面白いところ。ソフィーでは、かなり変わった方法で本を読むのです。

まず制限時間内で、決まった範囲をナナメ読みします。かなり時間が短いので、全部を熟読する余裕はありません。しかし数分後には、他の本を読んでいる生徒たちに読んだ部分をレポートしなければなりません。さらにその後、三、四人のグループで、自分の本を読んだり相手のレポートを聞いて思ったことを話し合います。

「経営について、こんなことが書いてありました。実は今、チーム作りに悩んでるんですが……」

「僕は今、資格の勉強をしてるんですが、NLPという心理学の本を読んで……」

「えっ、その話面白い。今、私の息子が、こういうことにチャレンジしてるんです。で……」

などと、ナナメ読みでつかんだことをアウトプットします。その後、もう一度読み返してみたり、解説を聞いたりしながら、生徒同士での対話を繰り返します。

英語が得意か苦手かにかかわらず、「短時間でナナメ読みしろ」「読んだ内容をアウトプットしろ」「どう人生や仕事に活かすかを話し合え」と言われたら、それはかなりな無理難題ですよね。しかし実は、ここに秘密があります。

ソフィー・ジ・アカデミーでは、「英語を学びましょう」「英語が上手になりましょう」とは言いません。**それは当たり前の前提として、さらにその先を目指す**構造になっています。「そんなので身につくの？」という感じですが、不思議なことに、ＴＯＥＩＣやＴＯＥＦＬを受けてみたら、点数が上がっていたりするのです。

こういう実験の話を聞いたことがあります。

まず子どもたちを二グループ、同じ人数ずつ集めます。

ひとつ目のグループには五円玉を配って、「時間内に五円玉を立ててください」と指示します。ふたつ目のグループには、五円玉と糸を配って、「時間内に五円玉を立てて、その穴に糸を通してください」という指示をします。

すると、ふたつ目の、「糸を通す」グループのほうが、五円玉を立てることに成功した人が多かったのです。いずれのグループにおいても、五円玉に糸を通す難しさは一緒です。しかし、ふたつ目のグループの子どもたちにとって「五円玉を立てる」はできる前提であり、単なる通過点なのです。私たちの脳は騙されやすくて、「難しいかも」「失敗するかも」と認識するので、結果的に失敗確率が上がってしまいます。逆に、もっと先に糸を通すという目標があると、脳は「五円玉は立てて当たり前」と思ってしまい、その結果、「五円玉を立てる」ことは簡単に乗りこえてしまうのです。

目的があれば、ハードルは「通過点」になる

ソフィー・ジ・アカデミーでは、「英語が理解できるかどうか」ではなくて、「英語を使って何をするのか?」という点に集中しています。「英語を」学ぶのではなく、「英語で」自分にとって必要な情報を得て行動に移す、という形になっている。その結果、英語力もついてくるのです。

この「**その先の目的があると、その手前の課題は自然と乗りこえられる**」という法則は、人生でも仕事でも、科学でも勉強でもかなり幅広く活用できます。

だから、海外に行くときも、「行くか行かないか」「行けるか行けないか」で迷うのは、もうやめてしまいましょう。**行く前提で考えてしまう**のです。妄想で構いません。海外に行って何がしたいのか、どういう体験がしたいのか、どういう成果を出したいのか、現地で必要になることは何かを、具体的に想像します。そうすれば、応募も面接も、出国準備も、単なる通過点

です。通過点だから面接でもおじけづきません。やるべきことや、やりたいことが明確だから、自信を持って語れます。すると自然と、採用されやすくなります。一回目の応募で落ちたとしても、大丈夫。脳は次のチャンスを探し続け、実行してくれますし、そうやって挑戦を繰り返す中で、あなたはさらに成長していきます。

Column

Interview

発信が出会いを呼び、世界を開く

濵田真里さん

Stand by Women 代表

二〇一一年に世界で働く日本人女性の情報サイト『なでしこVoice』を立ち上げる。現在は、政治分野のジェンダーギャップを解消するために活動中。

★SNSアカウント　https://twitter.com/hamamariri

大学生のころはやりたいことが見つからず、ヒントを見つけたいと本を読み漁りました。『マイクロソフトでは出会えなかった天職』というジョン・ウッドさんの本に感動し、「将来海外で活動するなら現地のことを知らないと」と思い、世界一周に行きました。NICEというNPOのワークキャンプに参加して、滞在費を切り詰めつつの旅でした。

帰国後に就活を始めたのですが、海外で働く女性の情報がありませんでした。「だったら話を聞きに行ってみよう、そしてこの情報を求めている、私のような人に伝えよう」と考えました。プロジェクトの企画書を作って友人に見せたら、Web制作や編集をしてくれる仲間が集まって、『なでしこVoice』というサイトを立ち上げることができました。

取材を始めたときは、まずは海外で働く女性百人に会うことを目標にしました。直接会って、その人の空気感や現場の雰囲気を感じたかったのです。紆余曲折ありながらも、大学卒業前にやりきりました。最初はネットで取材相手を探して連絡していたのですが、記事が増え、イベントも開催するようになると、人が紹介してくれたり、海外で働く人から直接連絡が来るようになりました。自分から情報を発信していると、欲しい情報が集まってくるのがとても楽しかったです。

卒業後の就職先は一年で退職しました。入社して半年経ったころに、『なでしこVoice』でインタビューさせていただいた戦争ジャーナリストの山本美香さんがシリアで亡くなられたのがきっかけです。美香さんに最後に会ったとき、「私もいつか発信する仕事をする」と約束しました。「この約束を実現させたい、私にはもうやりたいことがあるんだから飛びこんでみよう」と決意しました。

退職を決めてからは、イベントに参加しては周りの人に「もうすぐ家なし、仕事なし、金なしになります」と言っていたら、いろんな人が仕事を紹介してくれて、個人事業主としてふたつの仕事を請け負うことになりました。さらに半年後、アジア就職市場に進出しようとしている人材会社の社長から「『なでしこVoice』のアジアバージョンを立ち上げませんか」と誘われて、ふたつ返事で承諾しました。この社長との出会いは、最初の会社の憧れの先輩がつないでくれたものでした。私が何度も海外就職情報を発信したいと言ってたのを、覚えていてくれていたのです。人との出会いに助けられながら、この会社ではその後もアジア中での取材をさせてもらいました。

第四章　いろいろな不安への対処法

海外では、想定外の連続です。心配していたいろいろな不安は、ほとんど現実にならず、むしろ「まさか、こういうことってあるの⁉」と、驚くようなことで困ることもあります。

私がフィリピンのマニラで暮らしていたときは、現地の人が最も日常的に使うフィリピノ語・タガログ語は話せなかったのですが、驚くほど英語が通じました。田舎の漁師のおじいちゃんも、そこそこ英語が話せちゃったりとか。だから言葉ではそれほど苦労はしなかったのですが、現地での移動にはとても苦労しました。道路が複雑にからみ合っていて、標識がほとんどありません。地図を見てもわからなかったり、現地の人も知らなかったりします。「新宿駅周辺はダンジョン」というけれど、メガシティ・マニラは、文字通り「迷宮」でした。ジプニー（乗り合いバス）も、何に乗っていいのかわからないですし、トライシクル（三輪タクシー）は、決まった範囲でしか営業しません。道に迷って、一時間以上遅刻したことも何度かあります。どのような苦労をするかというのは、行ってみないとわからないものです。

だから、あれこれ考えて心配するよりも、「もう仕方ない、何か起きたらそのときに頑張る！」ぐらいの気持ちで渡航するのがおすすめです。でも、どうしても不安になってしまうこともありますよね。この章では、これまで相談を受けてきたよくある不安について、私なりの考えや対処法をシェアします。

治安が不安。どうすればいい？

◆心配する前にするべきこと

治安や防犯については、一番よく聞かれます。犯罪や治安って、国によって全く事情が違いますし、性別によっても危険度が変わったりしますよね。私自身、マニラで迷ったとき、「ひとりで歩いちゃだめ」と言われているエリアに入りこんでしまったこともあります。外国人は事情を知らないですし、目立つことも多いですから、気をつけるに越したことはありません。

最初に伝えたいことは、当たり前だけどとても大切なこと。**あらかじめ最新情報を調べて、現地に詳しい人の言うことをきちんと聞く**ということです。漠然とイメージで考えずに、信頼できる情報を集めて、気をつけるべきことをあらかじめ把握することです。

私はよく「えっ、コスタリカに行くの？　中南米って危ないんじゃ⁉」などと言われました。でも、中南米三十三カ国はメキシコから南極近くまで広がっています。危険度の高い国も、ほとんど心配のない国もあります。コスタリカでは、私は一度も怖い目に遭いませんでしたが、町の暗がりで銃を突きつけられた友人もいます（素直に財布を渡したので、無事でした）。国によっては、国軍と地元の自警団がもめている地域と、映画館もスターバックスコーヒーもある、安全できれいな街並みの地域の両方を持っています。昼と夜では様子が変わる場所もあります。先進国とされる国も同じです。ロサンゼルスは、とても快適で楽しい場所ですが、「角をひとつ曲がるだけで様相が変わる」と言われる街です。観光客も行く「リトルトーキョー」という日本人街のすぐそばに、現地人も近寄らないくらい危険な地区があったりします。一方、私が留学したノルウェーの治安は、基本的には日本より安全でした。家の鍵をかけずに出かける家族がいたり、警官が銃を持っていなかったり。次期国王のホーコン王太子も、街中で普通にショッピングをしているそうです。

海外では、漠然と不安がっていても意味がありませんし、漠然と大丈夫と思いこんでいても危険です。事情は場所によって千差万別。どこが危険で、どこなら安全で、どのようなシチュエーションを避けないといけないのか。**ひとつひとつ情報を調べることで、初めて安心できたり、対処法が見つかったりします。**日本語では、外務省や現地の日本大使館が最新の情報を発信していますし、『地球の歩き方』などにも、いろいろな情報が書いてありますね。現地語や英語を使えば、より多くの情報が手に入ります。信頼できる人や情報源を探し、できるだけ多角的に情報を集めて、現実的な判断をしてください。

私自身の体験も書いてしまいましたが、（現地人の話は別として）**個人の体験談は、治安情報としてはあまり役に立たない**ことを覚えておいてください。「危ない地域に行ったけど何もなかったよ」「安全って聞いてたのにひどい目に遭った」という情報も、運やタイミング、本人の行動が大きく影響しています。

私たちが一番怖いのは「相手の姿がわからない」ときです。きちんと情報を集めて、整理すれば、不安を「対処すべき課題」に変換できます。漠然とした不安で足を止めずに、具体的な「傾向と対策」を作ってしまいましょう。

◆「おいしい標的」にならない

そしてもうひとつ。私はとにかく「おいしい標的」にならないように気をつけています。犯罪もさまざま、絶望するくらいの狂気的な犯罪もあります。しかし、ほとんどの犯罪は、ある意味で営利、ビジネスです。**犯罪者もリスクと投資はできるだけ小さく、リターンは最大にしたい**ものなのです。

想像してほしいのですが、あなたなら次の三人のうち誰を狙いますか?

A　お金を持っていそうで、スマートフォンを片手にふらふらと歩いている人

B　きれいな格好をしているが、警戒もしていそうな人

C　地味な服装で、気を張って周りに注意を向けている人

まさか、何も持っていなさそうで、騒ぎそうな人をあえて狙わないですよね。

だから、周りの人よりも、ほんの少し気をつけて、お金を持っていないように見せましょう。「こいつを襲ってもおいしくなさそう」と思ってもらえれば、リスクはかなり軽減されるはずです。特に、治安の良くない地域を歩くときは、私は、服装をあまり派手にしない、スマートフォンはかばんに入れて、財布はできるだけ取り出さない。そして歩くときは、あまりおどおど、ふらふらとせずにまっすぐ歩いて、ときどき周りを見回すようにします。こうして、「ワタシ気をつけてるし、大声出す準備してるよ！　おいしくないよ」というメッセージを出すようにしています。

◆予防が最大の防御

お金を全部なくした場合は、日本の家族や友人にお願いして、当面のお金を海外送金してもらうことも可能です。海外送金をしてくれるウエスタンユニオンなどは世界中に展開していますし、オンライン銀行での送金も可能です。ただ、お金の引き出しには身分証明書が必要な場合もあります。

外務省は「海外における邦人の生命及び身体の保護その他の安全に関すること」を業務範囲にしています。大使館や領事館が、組織としてお金を貸してくれることはないようですが、本当に困ったときは、相談に行くといいでしょう。

やはり**予防こそが最大の防御**です。お金でいえば、まずは自室やスーツケース、複数のポケット、かばんの底などに、お金を分散して入れておくようにしましょう。パスポートは、コピーを複数取って、財布やポケットやかばんなど、これもまたいろいろなところに入れておきましょう。面倒でも、財産や身分証明書をひとつにまとめるのは危険すぎます。**部屋に泥棒が入ってても手元にお金がある。かばんを盗まれてもポケットや自室にお金が残っているという状況を保ちます**。ズボンの中に隠す形の「防犯ポケット」もおすすめです（首掛けタイプは、ひもが首元から見えてばれやすいですし、無理やり引っ張られたら怖いので私は使いません）。さらに不安なときは、靴下の中にもお札を入れるようにしています。ブラジャーのパッドを入れるところに、お金を入れている人もいました。そういうお金は、緊急用で、使わない前提のものです。街中では出し入れしないようにしています。どこで誰が見ているかわかりませんから。

Column 4

犯罪者が狙うターゲット

以前、山梨学院大学のウィリアム・リード教授から、次のような話を聞きました。

ニュージャージー州の刑務所で、「どのような人が犯罪のターゲットになるのか」という研究が行われました。収監されている犯罪者たちに、街中を歩いている通行人の動画を見せて、「自分なら誰を狙うか」を選んでもらいました。

研究チームは当初、女性や子ども、老人が選ばれるだろうと予想していたのですが、大はずれ。大柄な男性がターゲットになることもあれば、年配の女性がスルーされたりもする。ターゲットの共通点が見つからないのです。チームは「犯罪者はどうやってターゲットを選んでいるんだろう!?」と頭を抱えました。

あるとき、研究に協力することになったバレエの振付師が、驚くような見解を示しました。「ターゲットに選ばれる人たちは、体の中心が定まってませんね」と言ったのです。「体の動かし方の専門家」であるその振付師によると、体幹が弱くて重心がぶれていたり、ぼんやり、ふらふらと歩いていたりしている人が、ターゲットに選ばれていたのです。

そして逆に、きちんと体幹を使って歩き、はっきりと行き先に意識を向けて歩いている人は、ターゲットになりにくいということがわかりました。

犯罪者は、その違いを動物的な勘で直感的に、見分けているようです。

僕の友だちにも、身体が大きく筋肉もあるのに、何度も強盗やスリに遭う男性がいます。その人はいつも、視線がふらふらとしていて、不安そうな雰囲気です。一方で、小柄な女性で、世界中いろいろなところに行っているのに、一度も怖い目に遭ったことがない人もいます。自分の意思をはっきりと持っていて、さっそうと歩く人です。

もちろん、きちんと信頼できる情報を手に入れ、危ないところに行かないのが大前提です。でも、もしかしたら、その人が体から出している雰囲気、非言語のメッセージが、犯罪者を引き寄せたり、遠ざけたりする要素もあるのかもしれません。小柄でも、女性でも、格闘技を知らなくても、安全を保つためのノウハウを学んだり、服装や行動、目配りの仕方、意識の向け方などで、危険を遠ざけることができるのかもしれませんね。

言葉が話せるようになるだろうか？

語学は、海外に行くうえで気になる要素のひとつですね。「言葉が話せないから心配」「現地の言語を学ぶために行く」という人もいれば、英語だけで乗りきりたい人もいます。

私は、英語、スペイン語、ノルウェー語を学びました。英語は、中学校から学校の授業で学んだだけでアメリカやイギリスで暮らしたことはありません。授業や仕事、他の国での外国人仲間とのやりとりで身につけました。ときどき、教育や心理学など、専門分野の通訳の仕事をしていますが、自分としては発音と文法に癖のある「グロービッシュ」（英語を母国語としない人のために、語彙数を制限し、文法や発音も簡便にした、国際共通語としての英語）になっていて、これではまずいと思うときがあります。ノルウェー語は高校生の交換留学で、アルファベットしか知らずに現地に到着してから、ほぼ独学しました。そのときは日常会話には苦労しないレベルまで上達したけれど、今ではほとんど忘れてしまいました。スペイン語は大学生のとき、日本で文法だけ覚えて現地に飛びこんで、授業や日常生活で習得しました。日常会話や議論にはついていけるけれど、ビジネスでの運用にはちょっと自信がありません。

それぞれ、全然別の経路で三つの言語を習得し、現在の状態もまちまち。そのような私の経験から、言語学習についていくつかのポイントをシェアします。

◆現地で暮らすのが究極の「イマージョン」

さまざまな語学教育の中に、「イマージョン教育」というものがあります。英語なら、「英語」の授業で教えるだけではなく、社会も理科も体育も、英語でやってしまうという教育です。効率よく語学を習得でき、全般的な理解力の向上も期待できると言われています。基本的には、幼稚園や小学校など子どもの教育で実施されることが多いようですが、この「イマージョン（浸すこと）」というのは、大人にも同じ効果があると思います。やはり、現地に行くのが手っ取り早いと思うのです。

語学を習得することとは、その言語で働く神経回路を作り上げる作業です。一説によると、たとえば英語を学んでいるときに、日本語の神経回路が両方使われてしまうと、なかなか英語の神経回路が発達しないようなのです。「どれだけ英語を使うか」と同じくらい「どれだけ日本語を使わないか」も大切だそうです。それならば、周りに日本人がいなくて、目に映る看板も、耳に入るざわめきも、おはようの挨拶も、**現地の言葉漬けになったほうがいい**ということです。

◆恋愛・ホストファミリー、ひとり暮らし

それに人間は、切実な必要性があれば自然と学ぶものです。「現地の恋人ができるとめっ

ちゃ言葉が身につく」「ホストファミリーと暮らしたほうが伸びが早い」という経験者がよく言う話も、これに起因します。

「ちょっとコップとって」「来月、隣の国に行ってみようと思うんだけど」「えっ？　あのタレントさん、引退したの？」などという何気ない会話をするたびに、現地語の神経回路が活性化します。**記憶の鍵は感情の強さです**。恋人に初めて出会ったときの会話、次のデートまでのやりとり、一緒に夜の道を歩いているときの冗談、怒らせてしまったときの話し合い。壊れた自転車をホストファミリーが一生懸命直してくれたこと、親戚一同が集まったバーベキュー、ホストシスターが友だちに紹介してくれたこと。**そんな体験のひとつひとつで感情が動き、言葉とともに思い出として刻みこまれます**。

だから私は、チャンスがあるなら、現地生活はホストファミリーや寮から始めてみることをおすすめします。最初から気楽なひとり暮らしをするより、現地の家庭や寮での共同生活を試してみてください。「これは大変」と思ったら、ひとり暮らしに移行すればいいのです。そして、誰かに恋をしたり、いい感じになったりしたら、踏み出す勇気を持ってみてほしいと思います。それが「海外マジック」だとしてもいいじゃないですか。**嬉しいこと、楽しいことだけじゃなくて、迷うこと、傷つくこと、不安になったり寂しい気持ちになったりすることも含めて、その人に出会ったからこその体験なのですから**。ただし、騙されたり危ないことに巻きこまれたりだけはしないように注意してくださいね。

◆最初が肝心！　日本人同士の付き合い

もうひとつ、鉄則をお伝えさせてください。**「日本人同士でつるまない」「現地人と過ごす時間を最大化する」**ということです。これはもはや常識であるはずなのに、「日本人同士でかたまってしまって、言葉が身につきませんでした」という人が後をたちません。これは、どうしてなのでしょうか？

最初は不安だから一緒にいるうちに、どうしても離れにくくなる。「あの人最近付き合い悪いね」とは言われたくないと思っているうちに、抜けられなくなる……。これではもったいないですよね。

いつも一緒にはいたくないけれど、息抜きや情報交換もしたいですよね。そのためには、最初の設定が肝心です。**一番シンプルなのは、最初から少し距離をとっておくこと**。自分を「あの人ちょっとよそよそしいけどホントはいい人だよね」と言われるようなキャラクター設定にしてしまえれば最高です。関係性が定着する前に、お互いに会いすぎず、相手が現地での行動を優先してくれることを応援する関係性を作ってしまいます。

私もチリに行ってすぐのランチ中に、日本人学生のひとりが、「みんなで食べるのすごく楽しいけど、やっぱりスペイン語も上手になりたいじゃん。あんまり固まってると、どんどんチャンスを逃しちゃうと思うの。だからちょっと寂しいけど、あまり集まらないようにしようよ」と言い出してくれたことに、今でも感謝しています。結局、スペイン語の授業後のランチタイムはみんなで楽しくおしゃべりして、後はみんなばらばらで行動することになりました。面白いのは、途中から韓国人も加わるようになってきたことです。同じ東アジア人同士、やはりフィーリングが合うのでしょうね。結局、英語とスペイン語のちゃんぽんで会話していました。後は、二、三カ月に一回ほど、移民として現地で暮らす日本人一家にお邪魔して、楽しい会話とおいしい日本食をご一緒させてもらいました。しかしそれ以上は、つるまないように、お互いに気をつけたおかげで、スペイン語が上達しましたし、現地でしかできない経験がたくさんできました。

もしも、その気持ちをわかってもらえなかったり、あなたが現地の人たちとの時間を優先することで、関係が壊れたら？

私はちょっとひねくれているので、「そういう人たちとは仲良くならなくてもいいんじゃない？」と思ってしまいます。**日本人同士で固まるより、現地の友だちがひとりいるほうがよっぽど素敵です**。足を引っ張り合うのでなく、少し寂しくても、自分のチャレンジを応援してくれる友だちが大切です。だから胸を張って、自分の道を歩いてほしいと思います。

さらにおすすめなのは、始めから日本人のいないところ、少ないところに行くことです。オーストラリアならみんなが行きたがるメルボルンやバンクーバーではなくて、そもそも外国人も少ない地方の大学を選ぶ。私のように人間よりも牛の数が多いノルウェーのド田舎に行くとか。ロサンゼルスやバンコクのような日本人の多い街に行くなら、日本人街から遠いところに住むとか。どれぐらい現地に日本人がいるかは、ある程度調べられることもあります。行く国、滞在する地域、暮らすところ、通う場所、仕事場……。いろいろ工夫の余地があります。

しかし、常に環境を選べるわけでもないですよね。そういうときは、最初が肝心です。勇気を持って、それぞれが自立して挑戦し、それを応援し合うという関係性をセットしてしまいましょう。

◆「クリスマスまでには」夢を見る

高校生でノルウェーに留学したときには、留学生の先輩や、留学プログラムの人たちが「クリスマスまでには」という言葉を繰り返していました。ノルウェーを含め多くの国で、年度は九月始まりだったのです。クリスマスは、だいたい三カ月後。「そのころには、ノルウェー語で夢を見るよ」と言われていたのです。

私自身も、ノルウェー語で夢を見ました。十二月上旬。夢の内容は、学校でクラスメートと話しているみたいな、何でもない内容だったのですが。目を覚ましてから「うわっ、本当だ」と驚いたことを覚えています。実際に、三カ月目を境に、ノルウェー語にも慣れていき、春には「ノルウェーに来てまだ五カ月です」と言うと、「えっ、本当に⁉　ぺらぺらじゃん」と驚かれるようになりました。クリスマスや新年は、ホストファミリーとの距離感を感じてしまったり、ホームシックになりやすかったりする時期だと言われています。それでも何とか乗りこえられたのは、英語に頼らず、コツコツ積み上げてきたものが力になってきた実感があったからかもしれません。

九月入学なら、クリスマス。四月入学なら夏休みごろ。そのころまでにあなたは、現地語で夢を見るでしょう。そして、挨拶や、ちょっとした世間話、お店での受け答えや、もしかしたら簡単なジョークが、自然と出てくるようになるでしょう。一生懸命耳を傾けなくても、別の作業や考えごとをしながらでも、相手の言っていることが自然にわかるようになります。**慣れない言葉を一生懸命組み立てる状態から、自動操縦でコミュニケーションがとれる**ようになることが増えてきます。そこからはどんどん楽になっていきますよ。

ノルウェーの学校の修学旅行で、ドイツに行ったときの会話を、今もはっきり覚えています。ドイツの高校生と交流しながらの、一週間ぐらいの滞在でした。私はドイツ語も話せないですし、ドイツ語訛りの英語もわかりにくかったので、苦労しながら会話についていっているという感じでした。

そんなある日、カフェでコーヒーを飲みながら、ノルウェーのクラスメイトが内緒話を始めました。「ねえねえ、こっちの朝のコーヒー飲んだ？　すごくない？」とか「ドイツ人のクラブミュージックってさ」とか「○○君ってかっこつけすぎだよね。いや実際かっこいいんだけどさ」とか。ひとしきり盛り上がった後に、おしゃべり大好きなひとりが「自分の母国語がさ、あまり知られてない言葉っていうのも、いいもんだよね。何を話したって、周りのドイツ人にはわかんないもんね」としみじみ言いました。みんな、「マジそうだよね」「ドイツ人が何を言ってるかはわかるけど、その逆はないもんね」と盛り上がりました（本当は陰口って、意外と雰囲気でわかってしまうのですが）。そして店を出た後に、不思議なことに気づきました。

私にとっては、ノルウェー語も外国語です。それなのに、「ノルウェー語で話せるありがたさ」に自然と共感できたのです。私にとって、ノルウェー語が、まるで母国語のような感覚になっていたのです。

◆翻訳しきれない言葉たち

最近、日本でおしゃべりしているときに、ある友人の話になりました。私がその人について「あの人ってチャーミングだよね」と言ったら、みんなにくすくすと笑われました。チャーミングってちょっと古臭くて、ポケモンのロケット団のキャッチフレーズ「ラブリーチャーミー」とも重なるんですね。それは笑われるわけです。

英語のcharmingは、日本語のかわいいではなく、「惹きつける」というような意味です。大柄で、悪戯っぽさととびきりの笑顔を持っている男性も、charmingなのです。スペイン語にはsimpaticoという似た言葉がありますが、これもまた、ぴったりと対応する英語や日本語の単語が思い浮かびません。「感じのいい」とか「愛嬌がある」でもいいし、charmingでも間違いではありません。それでもなお、simpaticoはsimpaticoなんです。

日本語の「懐かしい」「ご縁」「香ばしい」なども、完璧には翻訳できません。「ご縁」は、現代では「人と人とをつなぐ何か」という意味で使われていますが、仏教とも関わりが深く、複雑な背景を持っています。韓国語ではご縁を「イニョン」というそうですが、英語やスペイン語は存在しません。「香ばしい」も、aromaticな味やspicyな味という言葉を使っても、少し違います。ぴったりと対応する単語が見つからないことはよくあります。

◆「正解」ではなく「言い換え」

知らない単語は使えないですし、その言語にはない言葉もあります。大切なのは、潔く諦め、そして**言葉遊びのつもりで、「なんて言い換えようかな」と考えてみる**ことです。「正しい訳語を探さなきゃ」と思うと、フリーズしてしまいます。

たとえば、「懐かしい」は英語で表現することが難しい感覚です。しかし、「Wow, so happy to meet you again! So long! Brings back all the memories.（わあ、あなたにまた会えてすごく嬉しい！　かなり長い間会えてなかったね！　いろんなことを思い出すな）」と言ってみるとか、潔く「再会できて嬉しい！」と言ってもいいのです。さらにその懐かしさを、眉を寄せてみたり、胸に手を置いてみたり、顔芸としぐさで表現してもいい。同じ人間同士、百パーセントでなくても、そこそこ通じ合えるものです。

学校のテストには「正解」「不正解」がありますよね。でも**現実のコミュニケーションは自由**なのです。「不正解」でも、格好悪くても、伝われば成功なのです。うまく通じなかったら、さらに補足することもできます。私は海外にいるとき、ポケットに小さなペンとメモ帳を入れておくことがあります。絵にしたり、中国語がわかる人には漢字で書いてみたりすることで、かなりコミュニケーションがはかどりますから。

どれだけ単語を知っているかよりも、手持ちの言葉と体を使って、どれだけ表現できるか。その力が高まると、日本語で話すときも、さらに豊かに表現できたり、シンプルに伝えられるようになりますよ！　日本にいる間に、日本語での語彙力や表現力を高めるのも、いい練習だと思います。

◆新しい「メガネ」で世界を見る

百パーセント言葉にできないことは、面倒で、もどかしいときもあります。しかし、その言葉でしか表現できない何かがあるのは、とても素敵なことだと思います。

実際に社会心理学や言語学などの分野で、どの言語を使うかによって、性格や価値観、認知が大きく変わるという研究結果が出てきているようです。それも、母語だけではなく、外国語としてその言葉を学んだ人にも、同じ変化が起きるようです。**英語のメガネで世界を見て、スペイン語のメガネで世界を描く。そのたびにカメラのフィルターを変えるみたいに、世界が別の姿を見せてくれます。**

新しい言葉を知るということは、新しい世界に触れるということ。その言葉にしかない世界の見方を、体で覚えていくことなのです。言語を学ぶと、世界を見る新しいメガネという素敵なプレゼントがついてきます。

◆書を捨てよ、町へ出よう

見出しは劇作家の寺山修司の言葉です。人間は、生きるために必要なことは、たちまち吸収します。現地では、お店の看板も、電車のアナウンスも、耳に入るざわめきも、全てが現地語です。二十四時間現地語にさらされて、ヒリヒリする感覚を味わいながら使っているときの吸収率は、やはり桁違いです。日本の教室で、長時間、机に座って外国語を勉強しても、教室から出たら、周りは日本語を話しています。あなたがよほどの語学オタクではない限り、脳はどうしても外国語を必要なものとは実感できないんです。だから、**もしあなたが日本で頑張って勉強したのに言葉を覚えられなかったとしても、現地でも同じ結果になるとは限りません**。新しいチャレンジをするときに、完璧に準備ができることなんて、一生ありません。チャンスが目の前にあるのなら、飛びこんじゃいましょうよ！

現地になじめるかな、友だちはできるかな？

友だちができるだろうか、ひとりぼっちにならないだろうか。そういった不安も、自然なことですね。

「別に友だちは多くないし」「自分はシャイだから」という話も、よく聞きます。私自身もノルウェーに行った高校生のときは友だちが少なくて、不安でした。

実は、**海外での友だちづくりは日本での場合と違います**。日本では活動的で友だちにも囲まれ、SNSの友だちは数百人もいて、週末はいつも予定でいっぱい。そういう人が、「全然楽しくなかった。友だちもできなかったし」と言って、帰国してくることがあります。一方で、それほどおしゃれでもないし、声も小さくて「自分には取柄なんてないと思うんだけど……」と言っていたのに、ボランティアやイベントなどのいろいろな経験をして、友だちをいっぱい作って、帰国後もたびたび現地に遊びに行ったりする人もいます。単語を二、三個並べることしかできないような、中学生以下の英語力なのに、毎日誰かと楽しそうに飲んで騒いでいる人もいる。もちろん日本でも海外でもモテモテな人もいますが、日本にどれだけ友だちがいるか、語学がどれだけできるかは、現地で友だちができるかとは別問題のようなのです。

この、日本での人間関係と海外での人間関係がイコールにはならない問題は、いまだ私にとっても謎なのですが、三つのポイントが見えてきています。

◆ポイント① 「宙づりボックス」を使えるか

日本では活動的なのに、海外では友だちができなかった人の話を聞いていると、「あの国の人たち、○○ばかりで嫌になった」「こういうのって普通ありえないじゃん?」という話がよく出てきます。海外では、今までとは全然違うコミュニケーションにさらされます。大げさに歓迎してくれるのに、興味をなくしたらさらっと忘れてしまう人たち。無表情で声はかけてくれないけれど、一度親しくなれば、深く温かくケアしてくれる人たち。口約束を次々として、次々と忘れていく人たち。これらはちょっとステレオタイプ的過ぎますが、自己主張の度合い、会話のテンション、スキンシップ、年齢や性別に応じた関わり方、時間や約束の守り方などは、国によって全然違います。

現地の人たちが普通にしている行動が、自分の常識と衝突します。いくら事前に知っていても、やはり驚きますし、戸惑います。違和感や「なんだか嫌だ」という気持ちも、自然な反応ではあるのです。

しかし、**その気持ちを信じこんで相手を拒否してしまうのか、驚きながらも、その違いを楽しもう、自分もやってみようと思えるのかで、大きな違いが生まれます**。

それまでの常識を大切に守っていても、短期間の滞在なら乗りきれます。とりあえず表面上は受け入れたつもりになって、「この人たち、いろいろありえないけれど、まあ仕方ないよね」と表面的なオープンマインドでいることもできます。しかし、海外で暮らし始めて、二十四時間、三六五日、ずっと自分の「常識」を守り続けようとしたなら、「引きこもる」「自分が壊れる」「拒否して帰国する」という選択肢しかなくなってしまいます。

逆に、現地の習慣を、とりあえず受け入れてみることができたらどうなるか。最初は戸惑いばかりですが、少しずつ慣れてきます。「これもなんだかいいな」と思えることが増えてきます。

そうすると、いろいろな人に、応援してもらいやすくなります。単に居心地が良くなるとか、周りの人とうまくやれるとかだけではありません。私たちも、苦労しながらでも、お箸を使ってそばを食べようとしている外国人を見たら、嬉しくなりませんか？　さらにご当地の方言も使ってくれたら、きゃあきゃあ騒いでしまいます。違う文化圏に行ったとき、現地の文化を受け入れようと頑張っている姿って、現地の人から見るとすごく嬉しいですし、「こいつのためなら一肌脱ごう」と思ってしまうものです。そこから世界が広がります。あなた自身が広がります。

しかし、現地の文化を何でも受け入れるのも、難しそうですよね。なぜなら、拒否は、身体が感じる自然な反応だからです。「オープンマインド」と簡単に言うけれど、実際には大変そうです。

そういうとき心がけたいのが、「宙づりボックス」を使うということです。**何かを決めつけそうになったら、自分の考えをとりあえず保留しておくのです**。とっさに「嫌だ」と思ってもいい。「ありえない」と思ってもいいのです。そう思っている自分に気づいたら、自分の反応を真に受けず、ちょっと脇に置いておいて、しばらく答えを出さないでおきます。「これが常識でしょ？」と思ったら、その考えをとりあえず「宙づり」にしておきます。自分のものさしで決めつけずに、観察したり、試してみたり、質問してみたりします。時間をとって、十分に経験やデータが集まるまでじっと待つのです。

これを哲学の世界ではエポケー（判断保留）と言い、「カッコに入れる」とも表現されます。

「ありえない！」を「（ありえない？）」、「当たり前！」を「（あたりまえ？）」とするイメージで、**自分の判断と距離をとって、あえて答えを出さないようにするのです。**

そうやって判断を「宙づり」にしながら、いろいろと試しているうちに、あるとき、ふと腑に落ちる瞬間が訪れます。「なるほど！」と納得できて、「たしかにそうだよなあ！」と共感できる。それは頭での理解ではなくて、おなかや心、身体全体で感じる理解です。「へえ！　自分の好みではないかもしれないけど、確かにめっちゃ納得した！　できる範囲で合わせてみよう」とか、「うわっ、そうかあ、それってたしかに素敵だな！　ずっとやってると疲れちゃうかもしれないけど、慣れたら楽しめそうだし、自分も取り入れたい」とか。自分自身の**「常識」と少し距離をとることと、「現地の常識」を共感的に理解することが同時にできるようになります。**そうなればもう大丈夫です。危うい時期は乗りこえて、もう「現地人モード」の自分が育ち始めています。必要に応じて自分の中のモードを切り替えて、ふるまいや感じ方を選択できるようになってきているんです。

これは、私の個人的な見解ですが、食事に好き嫌いがあるかないかは、異文化に適応できる能力の大きさとも連動しているように思います。海外に行くと、異質な味にたくさん出会います。そこで、「うわっ、嫌だ」と言って食べないか、とりあえず、「これも慣れたらおいしいのかも」と思って、何度か食べてみるか。三回ぐらい食べてみると、「あっ、意外とくせになるかも」と思ったり、「大好きではないけど、これがおいしいと思う人の気持ちはわかるな」と思ったりすることもよくあります。**自分の中の拒否感をいったんなだめて、あらためて心を開いて向き合えるか。自分自身を、反応のレベルから作り変えていくことを楽しめるか。**そういう姿勢は食事に限らず、人生を進めていくうえでとても大切な態度なのかもしれないと思います。

自分の常識や、とっさの反応を「宙づりボックス」に入れて、それぞれの文化に対して、共感的な理解を積み重ねていけるような**「オープンマインドな反応」を身につけた人は、日本ではとても貴重な存在です。**あなたは、世界をさらに楽しめるようになります。

◆ポイント② 「フツー領域」との相性

友だちができるか不安な人の中には、もともと友だちが少なかったり、日本での人間関係になじめないと感じていて、「海外だったら余計に難しいかも」と思っている人もいるかもしれませんね。しかし、その予想が当たるかはわからないと、私は思っています。

異文化コミュニケーションを教える北海学園大学の石井晴子教授から、「reward area（フツー領域）」という話を聞いたことがあります。ある文化の人たちが「これが普通」とか「こういうのはＯＫ」だと思っている範囲がこの「フツー領域」です。この範囲の中でのふるまい

それぞれの文化のフツー領域

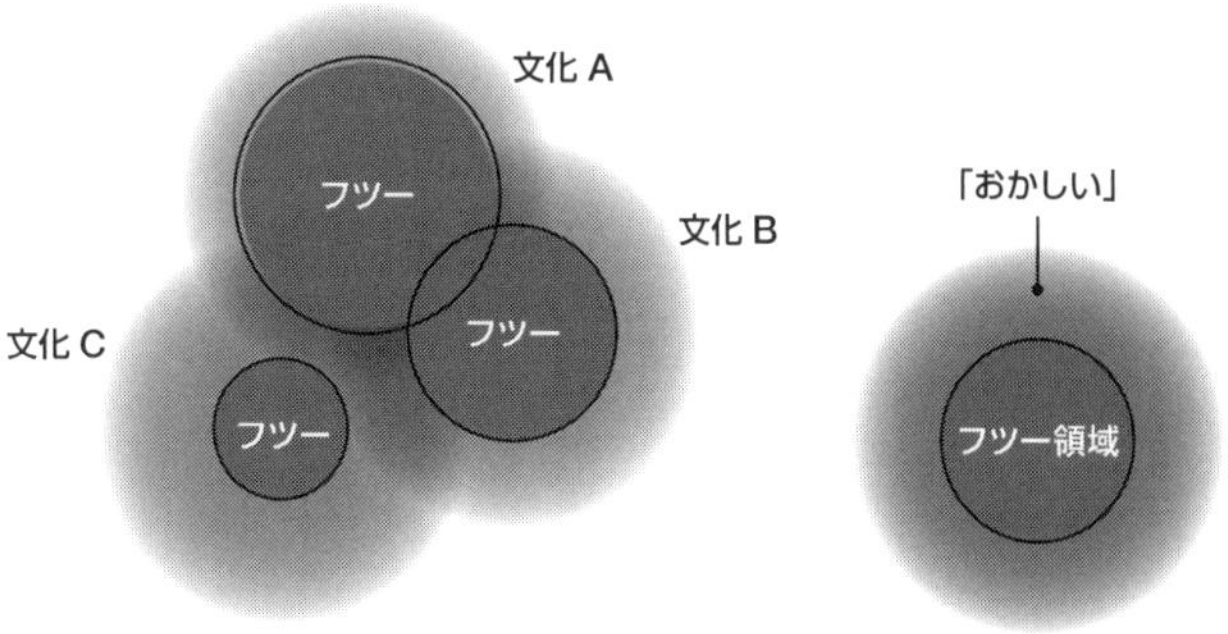

「フツー領域」の広い文化（文化A）や狭い文化（文化B）がある。
ある文化の「おかしい」が別の文化では「フツー」であったり、その逆であったりする。

それぞれの文化に、「フツー領域」があり、その外側は「おかしい」「ダメな人」などと言われる。

をしている人は、その文化の中で快適に過ごしやすい傾向があります。あくまでも傾向ですが、テンションが高めか、穏やかか、きっちり決めてから実行するのか、やってみてから考えるのか……。その人の個性が、たまたまフツー領域に入っていると、その文化の中では自然と優遇されます。受け入れられやすく、トラブルも少なく、人生はスムーズです。優遇されていることを意識することすらなく、自分を変えなきゃなどと思うことも、あまりありません。

一方で、このフツー領域から外れていると面倒なことが増えます。周りの人にわかってもらえなかったり、「おかしい人」「だめな人」だと認定されてしまったり、いろいろな不利益を被りやすくなります。ときには批判や迫害にもつながります。

Column 5

プエルトリコ人でも静か

僕にとって初めての海外、ノルウェーに到着したその日、僕たちは空港のロビーで、他の留学生が世界中から到着するまで、ひたすら待機していました。五～六時間は待ったんじゃないかと思います。いろんな国の高校生が集まってきて、カタコトの英語で挨拶して、やっぱりあまり話せなくって日本人仲間のところに戻る。

そういう中で、ひときわにぎやかな集団がいました。南アメリカからの留学生たちです。音楽をかける、ギターを弾く、太鼓をたたいて踊る、誰かが渋いハーモニカを演奏して、みんなで拍手してまた踊る。なんだかとにかくワイワイガヤガヤドンチャカブーブー、楽しそうに騒いでいました。

騒ぎ続ける彼ら彼女らに話しかける勇気もなく、でも「楽しそうだなあ、すごいなあ、仲良くしたいなあ」と眺めていたら、そんな集団のはずれに、ひとりの男の子が座っていました。編みこんだ髪にビーズもつけていて、なんだかオシャレだったけれど、静かに座っているので彼になら話しかけられそうでした。

「こんにちは、僕は日本から来たんだけど。どこから来たの？」

「プエルトリコだよ」

「プエルトリコ？」

「カリブ海の小さな国だよ」

「そうなんだ！　じゃあ、あそこの人たちと同じところからだね。にぎやかでいいね、ダンスもかっこいいし、音楽も素敵！　なんだかうらやましいなあ」

「ふんっ、あいつらは、静かにしてるってことができないんだよっ！」

彼の思わぬ言葉に驚きながら、「ああ、にぎやかな国はにぎやかな国で、そういった文化に耐えられない人がいるんだなあ」と思いました。

ノルウェー人はどちらかというとおとなしいので（酔っぱらうとすごいんですけど）、もしかしたら彼は、ノルウェーでは心地よく過ごせたかもしれません。

フツー領域は、集団によって幅の広さが違います。だいたい何でもＯＫで、「普通」かどうかにもあまりこだわらない広さを持つ集団もあれば、「こうあるべき」という観念が強くて、少しでも違うものはすぐに「おかしい」とする、フツー領域が狭い集団もあります。私は日本はフツー領域が比較的狭い国のように感じていて、過労死や自殺率の高さと関係があるかもしれないなと思っています（そのかわりに、フツー領域の外で活躍する、面白い人たちも多いかもしれませんが）。

そのときいる場所のフツー領域と、自分の傾向がフィットするかは、マッチングの要素もあります。**あなたが悪いわけでも、周りが悪いわけでもない。たまたまそういうめぐりあわせだったというだけ**。自分を責める必要もありません。自分の個性もひとつの「文化」なのですから。だから自分の個性や感性も大切に守りつつ、周囲の人の「フツー」との距離感を把握することで、周りとある程度スムーズにやっていくこともできます。別に、自然体で百パーセントマッチしなくてもいいのです。そうやって調節しつつ、自分の中に複数の文化を共存させるのは、面倒でもあるけれど、素敵なことでもあります。

もうひとつ、面白い可能性があると私は思っています。今、日本で、自分と周囲がうまくなじまなくても、別の環境では、妙になじんでしまうこともありえるのです。

今ではあまり信じてもらえませんが、私はコミュニケーションが苦手です。子どものころから、みんなが自然と感じとっている、雰囲気とか、暗黙の了解、言葉にされないサインがわからない。空気が読めない子だったんです。小学校の先生が私の親に「西田くんは人の気持ちがわからないし、集団行動もできないから特殊学級に入れたほうがいい」と言うほどだから、よっぽどだったのでしょう。留学や失恋などを経験して、もっと人の気持ちがわかるようにならなきゃと、コミュニケーションや心理学を必死に勉強して、ひたすら練習して、前よりは人の気持ちを予想できるようになりました。でも、自然にできるようになったわけではないのです。今でも気を抜くとサインを見落としてしまうし、読み違えることもあります。チームプレーもあまり上手じゃありません。言葉で説明してもらわないとわからないことが多いし、ストレートに言いすぎて人を傷つけてしまうこともあります。こういう傾向がある私には、「察する」ことを求められる日本のコミュニケーションは難しいですし、フツー領域の狭さに息苦しくなることもあります。

しかし、面白いことに、欧米の文化圏では、これぐらいのほうが歓迎されるようなのです。海外の人たちと関わっていると「ひろは日本人なのに主張が上手だよね」とか「今まで出会ってきた日本人と比べて、ヒロはわかりやすいわあ」と言われます。私としては、「ここは日本じゃないから、いつもよりちょっと自己主張をしよう」と、ほんの少しだけ心がける程度なのですが、素に近いモードで発言しても、失礼だと思われない。わからないことは言葉で聞けばいいし、嫌なことは嫌、無理なことは無理と言ってくれるから、変に気を遣わなくてもいい。海外でもやはり、チームプレーは下手かもしれないけれど、ちょっと、心地いいのです。空気を読むよりも言葉に頼るという私の傾向が、たまたまうまくマッチしているのだと思います。

同じように、海外から日本に来る人たちの中には、母国のフツー領域にはフィットしなかったけれど、日本になじんでいる人も多いです。その国の標準と比べると、内向的だったり、周りの気持ちを繊細に感じる人だったり。そういう人は、日本に来て「日本って心地いいわ」という風になりますし、日本人からしても「なんかこいつ日本人っぽいよな」と感じることもあります。私の知り合いでも、「あの国にいると疲れるけど、日本は楽だ」とか、「日本だとなんだか窮屈だけど、この国にいるとホッとするんだよね」と言いながら、母国を出て自分の居場所を作り、しっかりと生活している人たちがいます。**日本ではフツー領域から外れていた性質が、別の場所ではちょうどよくフィットする可能性もあるのです。**

確かに、「海外行けばなんとかなる」「どこかに夢の国がある」と、自分自身の課題から眼をそらすのは危険です。人と生きるために、何の苦労もない環境なんて、ほぼ存在しないですし、どこにいても努力が必要なときはあります。でも、日本ではワイルドすぎるとか、シャイすぎるとか、何かしらの理由で人間関係が少し難しかったとしても、海外でもうまくいかないとは限りません。行った先の文化とフィットすれば、意外と楽になじめて、友だちも作りやすいことも十分ありえます。

もし、あなたに日本の「フツー」とは違う要素が多いのであれば、あなたはいつも、自分とは「異質」な人に囲まれているということです。これまでも、日常的に、異文化コミュニケーションを積み重ねてきているのかもしれません。無意識のうちに自分の距離とその文化の距離感をはかりながら、上手に折り合いをつけていく力を、もう既に身につけてきている可能性もあるのです。

◆ポイント③「負けた経験」が力になる

海外で頑張る人と関わっていると、いろいろな経験や困難を抱えてきた人たちに出会います。挫折、喪失、人間関係の傷、大変な環境。だからこそ、なにかを変えたくて海外に行く。そういう人たちです。「今ここにないもの」を求める気持ちの中に、今あるものに納得できない感覚があるのは、不思議なことではありません。私自身、これほどに海外とつながっていきたいのは、そういう気持ちがあるからだと思います。

今いる環境でうまくやっていけるのは、とても素敵なことです。しかしこれまで、日本人の間では強気なのに、国際的な環境に出た瞬間に、何も言えなくなってしまう人も見てきました。圧倒的な「異質」に出会って、自分の勝ちパターンが通用しなくなったときに、攻撃的になる人や、引きこもってしまう人がいます。

一方で、異質な環境に置かれて、普通ならおじけづいてしまいそうな状況になっても、粘り強く、諦めず、試行錯誤をしながら道を切り拓いていく人がいます。そういう人たちの中には、複雑な過去を持っている人や、ちょっと不器用な人も多いです。**勝てない経験をして、そこでもがいてきたことのある人。そういう人は、海外で強いことも多い。**なぜなら、武器がない状態で、それでも自分なりに生き抜いてきた過去があったり、どうにもならない状況を、何とかやり過ごした経験があったり、ばらばらに壊れてしまった自分を拾い集め、また立ち上がった強さがあるということだからです。

そういう人は、海外では強い。自信がなくても、不安でも、どうしていいかわからなくても、それでも何とかしようと試行錯誤し、少しずつ状況をよくしてきた人たちの持つ深みは、言葉を超えて、出会う人に通じるものです。

自分の弱さを引き受けた経験は、圧倒的な「異質」である海外で、大きな違いを生みだします。

もちろん、「今まで苦労したことがないから、裸でぶつかって、ゼロから頑張りたい」という覚悟を持つことも、これからの力になります。

Column 6

「外国人カード」を使う

海外から来て日本で働く友だちから、「外国人カード」という言葉を聞いたことがあります。バスに乗ってから財布を忘れたことに気づいても、困った顔をしていたら許してもらえる。根回しなしで、ちょっと強引にプロジェクトを立ち上げても許される。「この人、外国人だから」ということで、笑って許してもらえたり、ちょっと便宜を図ってもらえたりもします。外国人でいると不便なこともある一方で、外国人だけが持てるファストパスのようなもの、それを外国人カードというそうなのです。

僕は、外国人カードは海外にも存在するぞ、と自分の経験から思っています。講義についていけないときに、「そのかわりにこんなレポートしますから」と融通をきかせてもらう、決められた書類を準備しきれなかったときに、途方に暮れたふりをしていて何とか大目に見てもらう。浴衣を着ていけば注目されやすい。気に入られたかったら、とりあえず現地の珍しい食べものを食べてみせる（納豆が食べられる外国人みたいなやつですね。フィリピンの、豚の血のスープとかもおいしいですよ）。

あまり悪どくやってると信用を失うけれど、切羽詰まったときや、建設的な目標を実現したいとき、外国人カードが役に立つこともあります。「自分が外国人であることを、どういう形で利用できるかな」ということを考えるのも、海外での生活を楽しく乗りきるコツかもしれません。

困ったときは、「タンブン」を思い出す

挑戦するからこその、トラブル、困惑、誤解……。いつもの場所を飛び出して、新しい方向に人生を進めようとしているときに、浮き沈みはつきものです。対処できるものや時間が解決してくれることもあるけれど、人の助けが必要なときもあるでしょう。

しかし、誰かに助けてもらうのは、勇気が必要だったりしませんか？　恥ずかしかったり、ちゃんとできなかった自分が許せないという人もいますね。私自身は、「迷惑をかけて『こいつはだめだ』って愛想を尽かされたらどうしよう」と思ってしまうことがよくあります。決して冷たい人たちじゃない。優しいし、本気でお願いしたら助けてくれる。そうわかっていても、ついためらってしまいます。

そういうとき、私が思い出すのが、「タンブン」の話です。

タイやミャンマーなど、東南アジアの仏教国のいくつかでは、お寺の近くで籠に入った鳥を売っていたそうです。この鳥は、ペットとして飼うためでも、食べるためでもないそうです。

じゃあ、いったい何のための鳥なのか？

それは、「功徳を積むため」だそうです。

功徳のために、籠に入った鳥を買って、逃がしてあげる。そのための商売があるのです。

仏教では、人間も生き物も、他者のために良いことをすることを「功徳を積む」といいます。功徳を積むと、願いが叶ったり、次の生まれ変わりがより良いものになる。籠に閉じこめられたかわいそうな鳥を空に放つことで、その人は功徳を積んだことになるそうです。「タンブン」という言葉そのものが、「功徳を積む」という意味で、籠の鳥を売り買いするのもその一環です。実は日本にも、池に亀や魚を放ったり、生き物にえさをあげる「放生《ほうじょう》」という、似たような儀式が残っています（お寺に池が多いのは、その影響もあるようです）。

最近は、動物保護の観点から、籠に入った鳥を売るお店は減少しているようですし、本当にそうすることで功徳が積めるのか、私にはわかりません。しかし功徳を積むためだけに、お金を払う人がいるということは、私たちにとても大切なことを教えてくれています。

それは、人間はどうやら、「誰かの助けになりたい」生き物だということです。

あなたも誰かから相談されると、ちょっと嬉しくなりませんか？　忙しい中でも、困っている友だちのために頑張ってしまったこととか、最初は「ちょっと面倒だな」と思ったのに、相手の感謝ですごく嬉しくなったこととかはありませんか？

アドラー心理学では、幸福の条件として、「自己受容」と「他者信頼」に加え、「貢献感」を挙げています。私たち人類は、進化の過程で集団として助け合うという選択をしました。力を貸したり、力を借りたりすることで、人類は生き残ってきました。そのために、貢献感と幸福感は、私たちの中で強く結びついています。

私たち人間は、誰かの力になりたい生き物で、誰かの役に立てたときに、幸せを感じるようにできているのです。

だから、迷ったときは思い出してください。あなたの周りの人にあなたを助けるという「タンブン」をさせてあげるのです。功徳を積むチャンス、貢献のチャンスを提供するのです。

貢献するチャンスを誰かにあげることそのものが、あなたができる貢献のひとつです。

それでもあなたがお願いするか、しないかで悩んでいるとしたら、考える切り口を変えましょう。考えるべきことは、**どうすれば、「力を貸してよかった」と思ってもらえるかです。**

相手の貢献感のために、知恵を使うのです。

助けてもらって申し訳なさそうにしているより、とびきりの笑顔で「ありがとう」と言ったほうがいいかもしれない。一年後に「あのときのおかげで」と伝えるのもいいかもしれない。

感謝、手紙、成果の報告。相手の貢献感を上げるために、いくらでも工夫はできます。

ときには対価や贈り物が必要なこともあるでしょう。それも「助けてハッピー、助けてもらってハッピー」という、Win-Winな循環を作るためのひとつの方法に過ぎません。

さらに考えてみたいことがあります。「力を借りるのは、本当に最小限がベストなのか」ということです。できるだけ迷惑をかけないようにするのも大切かもしれないし、まずは自分がやれるところまでやってみるのもいいことかもしれません。しかし、**貢献や感謝って、実はお金のような「使えば減る（ゼロサム）」ではないことも多いのです。**誰かに知恵を貸しても、相手の知恵が減るわけではありません。得意な作業や好きなことは、疲れどころか喜びになることもあります。

どうせ人間、ひとりでできることなんて、たかがしれています。世界を変えた起業家やリーダーだって、ひとりでできることはほんの少し。数十キロのこの体、一キロちょっとの脳、一メートル前後の手と、せいぜい八十デシベルの声でできることだけです。誰かに動いてもらったり、誰かが作った道具を活用して、初めて大きなことができるのです。自覚していても、自覚していなくても、私たちは誰かの力を借り続けているのです。**協力し合うこと、力を貸し、借りることは、人間が生き残るための重要なインフラのひとつなのです。**

だから、じゃんじゃん人の力を借りましょう。

誰かに、貢献するチャンスを提供してください。そのかわり、相手が気持ちよく力を発揮して、大きな貢献感を感じられるよう、できるだけの工夫をするのです。

不安も力になる

ここまで読んで「自分は今まであまり苦労してこなかったし」とか「自分は思いこみは強めだけれど、大丈夫かな」と、かえって不安になってしまった人もいるかもしれませんね。そんなあなたに私は「**ナイス不安！**」と言いたいです。

言葉も文化も違うところにひとりで行くのです。**不安がゼロになるはずはありません**。しかしあなたは、その不安から目をそらしていないですし、不安だからといって諦めてもいないのです。**「不安を抱きしめながら飛びこむ」ができるのは素晴らしいことです**。ハードな苦労はしてこなかったあなただからこそ、人も自分もおおらかに受け入れて、信頼できるのかもしれません。思いこみの強いあなたは、何があっても折れない自分の粘り強さに気づくのかもしれません。どっちもうまくいかなくてへこみ切った先に、深みを増したあなたとして動き出せるのかもしれません。私は盲目的なポジティブ・シンキングよりも、**不安も希望も、弱音も自信も全部引き受けて、それでも選びとっていく**こと、一歩踏み出していくことの方が素敵だと思います。

それに、不安だからこそ、つながれるという要素があることも覚えておいてください。一番わかりやすいのは、その国にやってきたばかりのほかの「外国人」仲間。みんな海外に来て、不安だったり、寂しかったりします。そういうときって、ちょっと話しかけられるだけで嬉しいではないですか。もちろん現地人とも関わりたいけど、とにかく無条件に仲間が欲しい。ときにはその国で暮らすことの愚痴だって言いたくなる。だから外国人同士で助け合うこともできるのです。

不安なとき、困っているときこそ、誰かとつながりやすいものです。そういうときって、見栄を張ったり、遠慮したりする余裕もないじゃないですか。自然と心を開いて、素直な自分でぶつかれるのです。

Column 7

アルバ島での一夜

二〇一四年の一月、僕は呆然と立ち尽くしていました。年末年始を過ごしたベネズエラから帰る途中の経由地、アルバ島で、乗り継ぎの飛行機を逃し、ホテルもない状態だったのです。ベネズエラの官僚主義と、飛行機会社の手違いが重なり、誰も何もしてくれません。

空港で寝ようかと思ったのに、追い出されてしまいました。これは野宿するしかないのか？　治安もわからない。リゾート地だけれど、さすがに危ない。

とにかく、レストランでも何でも、お店を探そう。できればネットにつなぎたい。まずは情報収集しなきゃだし、誰かに連絡して、この気持ちを聞いてほしい。スーツケースを引きずって、町の中心地らしきところへ歩き出しました。

十分ぐらい歩いたところで、スタバ発見！　あと四十分ぐらいで閉店してしまうけれど、とにかく飲み物を頼んで、隣の席のお客さんに会釈して、席に着きました。どの国もスタバって雰囲気が似ていて、なんだかとってもホッとします。しかし、インターネットにつつながらない。この店が閉まる前にどうするか決めないと、本当に行くところがなくなってしまう。

隣のお客さんはＰＣを使っています。インターネットにつながっているのかな。仕方ないので話しかけて、「どうやってネットにつないだんですか？」と聞いてみます。肌のきれいな、すらっとした男性です。相手は振り返って、穏やかな英語で応えました。「ああ、そこはクリックした？　だったら、少し待たなきゃいけないだけかも。僕も三、四分待ったけど、ちゃんとつながったよ」と教えてくれます。ちょっとルーズな、でも清潔感のあるTシャツに、怖くない感じのドレッドヘアー。いかにもカリフォルニアあたりの金持ちヒッピーっぽい感じ。なんだか、とっても人がよさそうだぞ。

やっと、ネットにつながりました！　まずはお隣さんに「ありがとう！　おかげでつながったよ」と伝えました。そして、ついでに一言付け加えます。「本当に助かったよ、実は乗り継ぎの飛行機を逃しちゃってさ、ホテルもないし、もうどうしていいかわからなかったんだ。でもおかげで、とにかく情報収集できる！」。微笑みを交わして、画面に向かいます。

そして、三十秒ぐらいした後、お隣さんが声をかけてきました。「ねえねえ、ちょっと考えたんだけど、もしよかったら僕の部屋のソファを貸そうか？　民泊のお部屋なんだけどさ、ソファが余ってるんだ」

「ビンゴ！　もしかしてそんなこと言ってくれるんじゃないかと思ってた！」という想いは背中に隠して「えっ、本当に!?　ありがとう！　そうさせてもらえるなら、本当にありがたい」と感謝の気持ちで応えます。アメリカ人フォトグラファーのその男性が作業を終えるのを待って車に乗せてもらい、ついでにビールも一本飲ませてもらいながら話しこみ、ソファを借りて、次の日はなんと、チケット再取得についてきてくれただけじゃなく、搭乗時間まで近くをドライブして見せてくれました。最悪の旅路だったけど、最高の想い出です。

Column
Interview

自分が活きる場所へと、大きく動く

池上京さん
株式会社 MIRAIing 代表取締役

未来を創る次世代を今、育てたいという想いから二〇二一年に会社設立。累計千名以上の学生にリーダー教育やキャリア教育を提供。趣味は酒・マンガ・自転車。二〇二三年に第十四回若者力大賞ユースリーダー支援賞受賞
★SNSアカウント　https://twitter.com/ikeikei_ikeikei

私は高校生のときと社会人のときと、二回留学しています。子どものころから、「自分は日本社会に合わない」という感覚を強く持っていました。発言することや議論、人前に立つのも好きだったんですが、中学生になると、クラスメートは「もうええやん。面倒くさい」みたいな対応で、悪目立ちする。それがからかわれて、いじめっぽくもなって、心を許せる友だちがいませんでした。一方、中二のときに父親と旅行したアメリカでは多様な社会に「世界の中心」のような感覚を抱き、憧れが生まれました。帰国して洋楽にはまり、『ニューズウィーク』や新聞も読むようになりました。

高校に入ってYFUの交換留学で行ったアメリカでの一年は楽しくて、ホームシックも全然ありませんでした。先生やクラスメートも発言ウェルカムで授業がとても楽しかったです。発言し過ぎて怒られるくらいでした、日本人なのに（笑）。「いつ国を追われても良いように、稼ぐ力をつける」と言って、学校でビーフジャーキーを売るユダヤ系の同級生に刺激を受けたり、

白人の養子として育てられているアフリカ系や北朝鮮系の子が、両親にすごく愛されている姿に「家族のあり方」とか「幸せの形」を考えさせられたりしました。本当はそのままアメリカの大学に行きたかったのですが、奨学金が取れず、日本の大学に進学しました。

将来的に国際協力に携わりたいという夢を持ち、外務省を目指していたのですが、面接に落ちてしまい、大学院進学を経てＪＩＣＡに就職しました。ヨルダンでの研修を経てイラクの仕事に携わったときは、当時やりたかった平和構築にドンピシャの仕事ができて最高でした。でもその後駐在したエジプトで国際協力の限界に直面する一方で、新しいテクノロジーやスタートアップがポジティブな変化を作り出すシーンを目の当たりにしました。そんな変化を自ら作り出すために学びたいと思い、ＪＩＣＡを辞めて私費でＭＢＡ留学しました。

ＭＢＡでは同級生の多くが起業やスタートアップに関心を持ち、私も起業系のイベントに参加する中で、起業への関心が高まりました。帰国後は日本の大手テック企業に入ったのですが、コロナ禍で担当予定だったグローバル事業がストップしてしまい、ならさっさと起業してみようと、まずは副業で教育系の事業をスタートし、その後正式に起業しました。今は中高生・大学生向けのリーダー養成プログラムを提供し、知識の詰めこみではない実践型の教育を広げるべく取り組んでいます。

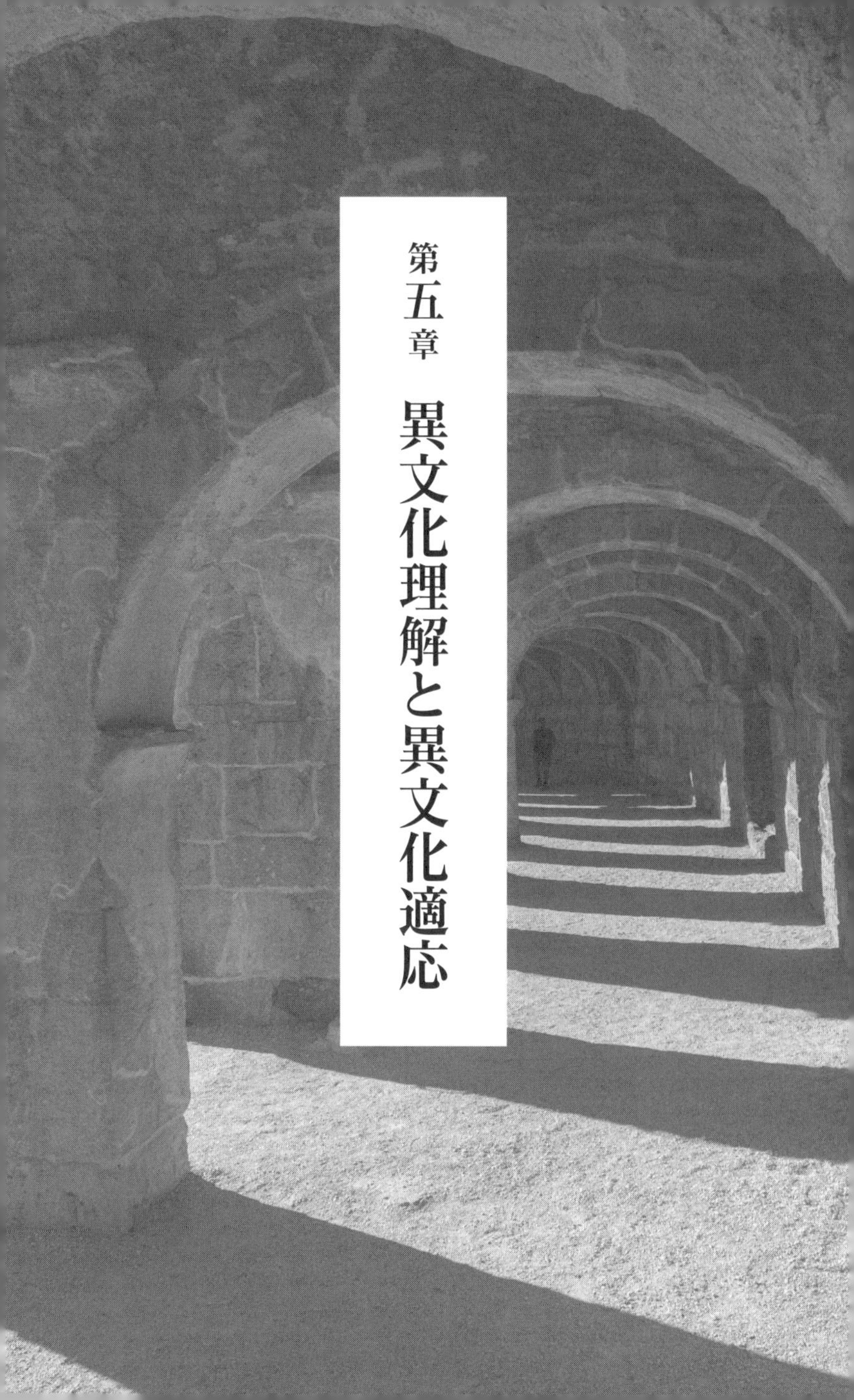

第五章　異文化理解と異文化適応

知らない土地、知らない国、知らない人たち。そこで交わされる言葉や、馴染みのない食べもの、今までとは違った習慣……。多くの人にとって、海外に行く最大の目的は、違う世界を体験すること、異文化に触れることではないでしょうか。

一方で、海外で一番苦労したのが、異文化で生きることだっだということもよくあります。今の時代、事前に得られる海外についての情報も溢れていて、カルチャーショックはあまりないように感じるかもしれません。しかし実は、それよりも怖い「文化疲労」というものがあります。

文化の違いの深さがうかがえる、面白い実験があります。

アメリカ人と日本人のグループに、魚が水中を泳いでいるアニメーションを見せ、それぞれのグループに「何が見えましたか?」と聞きます。アメリカ人は、どのような魚がいたかや、その魚の動きについて詳しく説明しました。一方、日本人は、その水の中の環境、水の色や石や貝について説明し、魚については「三匹泳いでいました」というように簡単に説明したそうです。さらに、水中で魚が泳ぐ別のアニメーションを見せたところ、日本人は環境が変わったことに気づき、アメリカ人は変化に気づかない傾向が見られたそうです。

この実験からも、私たちの**認知の仕方そのものが、文化によって違う**ことがわかります。建物や踊り、服装や食べものといった、目に見える違いの底には、世界をどう見て、聞いて、感

文化による「認知」の違いについての実験で使われたアニメーションの図

（出典：https://www.pnas.org/doi/pdf/10.1073/pnas.1934527100） ※原典はカラー

じて、そしてどんなことを考えるかという、目に見えない違いがあります。隣にいる人には、自分とは全く違う世界が見えているかもしれないのです。

そのような異質な人たちと一緒に生きていくためには、そうするための能力が必要です。異文化を理解する力、異質な人たちと上手にコミュニケーションをとっていく力です。これらの能力は、経験を積んだり、知識を活用したりして、少しずつ育てていくものです。たまたま異質な人と関わる機会が多い環境に育って、自然とそういう力が身についている人もいるでしょう。どちらかというと似たような人たちに囲まれて生きてきて、まだ不慣れな人もいるでしょう。いずれにしても、**異質な人たちと生きていく能力は、適切な知識と努力で、誰でも高**

めていくことができます。そして一度身につけた力は、簡単にはなくなりません。あなたの習慣、あり方となり、海外でも国内でも、あなたを支えてくれます。

この章では、異文化への適応に失敗するパターンを知ったうえで、異文化を理解し、それに適応していく力を高めるための考え方や対処法をお伝えしていきます。

海外行ってオワる失敗パターン

日本に帰ってきた仲間を見て「顔つきが変わったな」と思うことは、すごく多いです。目力が強くなった、華やかになった、笑顔がよくなった……。文字通り目に見えて変化する人が大勢います。

一方で、「行く意味なかった」と漏らす人もいます。その後の人生で海外での経験を活かすことができない人も、稀に人生がこじれてしまう人もいます。現地の異文化に適応できなかったり、日本に戻ってからの再適応がうまくできなかったりしたことが主な要因です。海外に行き、異文化の中で良い体験をするためにも、どういう失敗パターンがあるのか、少しだけ見てみましょう。対処法も後述します。

◆「がっかり!」パターン

一番わかりやすいパターンです。あなたも、「海外に行ったけれど全然楽しくなかったし、学ぶこともなかった」と、不満げにしている人に出会ったことがあるかもしれません。ほとんどの人が、何かしらの苦労を乗りこえて、それすらも素晴らしい思い出にしてくる中で、不満だけを募らせて帰ってくる人もいます。異文化と自文化の違いにうまく対応できず、その後の成長段階にたどり着くことなく帰国するパターンです。

◆「長い観光旅行」パターン

海外は楽しかったけれど、それが一時の楽しみで終わったらしき人にも、ときどき出会います。苦労すればいいというわけでもないですし、せっかくだから楽しんでほしいです。しかし、楽しかっただけで、海外経験から何かを得たようには見えない人もいます。短期プログラムではよくあることかもしれませんが、一年間などの長期プログラムでも、そういう感じで帰ってくる人がいます。このパターンの人は、文化の違いに向き合わず、表面的な対応で済ませてしまった可能性があります。

◆「カブレ」パターン

他の文化に惚れこむあまり、日本嫌いになる人もいます。「イタリア最高！　それに引き換え日本って微妙」というような。多くの人が味わう感情ですが、それがずっと続くと、日本にいても居心地悪いですし、かといってイタリア人になれるわけでもありません。どっちつかずな状態になってしまうことがあります。実はこれは「がっかり！」パターンとも密接な関わりがあります。

◆「キラキラ中毒」パターン

海外で感じた感動や可能性は忘れられないものです。帰国後の現実を変えていく原動力にもなります。しかし、その非日常的な感覚に中毒になってしまって、キラキラしたものを追い続けているうちに、怪しげなビジネスに手を出して、人生を迷走させてしまうことがあります。これは、帰国してからの日常への復帰に失敗したパターンです。

異文化感受性

異文化に気づき、感じ、対応していく力は、誰もが習得できる能力です。ミルトン・ベネッ

異文化感受性発達モデル

自文化中心主義			文化相対主義		
否定段階	防御段階	最小化段階	受容段階	適応段階	統合段階
異文化があると認識できない	異文化を見下したり、裏返しで自文化を卑下したりする	人はみな同じと捉え、違いを軽視する	違いに気づき、尊重できる	異文化に合わせて自分の見方を切り替えられる	自分の中に複数の文化が共存している
「えっ何か」	「最高！」「ありえない」	「イッツ・ア・スモール・ワールド」	「ああ、そういうことなんだ！」	「スイッチング」	「シームレス」

※ Bennett（2020）を参考に著者作成

トの「異文化感受性発達モデル」は、その能力がどのように発達するのかを教えてくれます。異文化感受性は、異文化と関わるうえでの筋肉のようなもので、その際の土台となる底力です。この感受性は、適切な知識を持ち、場数を踏むことで鍛えていくことができます。

異文化感受性は、大きく「自文化中心主義」と「文化相対主義」のふたつの段階に分けられ、さらに細かく六つの段階に分類されています。

ちなみに、このモデルでの異文化とは、国や民族に関わることに限定されません。世代の違いや、業界・企業ごとの違いも異文化なら、性別や好きになる対象が異性か同性か、また別の形なのかといった性的指向、障害や難病、社会階層の違いなども、異文化になりえます。**実は私たちの周りには異文化が溢れているのです。**

誰かといて心地悪いときやその誰かを非難したくなったときは、気づいていないだけで、異文化に遭遇している可能性があります。

①否定段階「えっ？　何か？」

相手を、自分とは違った世界を生きる、異文化にある人だと**認識できていない**状態です。その文化を嫌っているとは限らず、違いに気づいていないだけということもあります。

チリへの留学中に、キリスト教系のプログラムに紛れこんで、農村で十日ほど過ごしたことがあります。そこで、私が日本人だと知った現地の子どもが「カラテで殴らないでください」と言ってきたことがあります。「どんなイメージやねん、日本人！」と思いましたが、この子には何の悪意もないですよね。逆のことを、日本人も行います。私の家に滞在していたベネズエラ人の留学生が「学校の授業で老人ホームに行ったんだけど、そこのおばあちゃんに『ベネズエラにトイレはあるんですか？』って聞かれた」と苦笑いしていたことがあります（私もベネズエラに行きましたが、もちろんトイレもお風呂も車もパソコンもあります）。

チリの子どもも、老人ホームのおばあちゃんも、異文化を嫌っているわけではなく、それ以前に、知らない・関心がないという状態です。自分自身の世界の外に出たこともなくて、おおざっぱに世界を見ている状態です。**悪意がないからこそ、無神経なことを言ったり、失礼な質**

問をしてしまったりします。

この否定段階にいる人も、海外旅行を楽しむことはできます。きれいな建物を見て、おいしいものを食べて、ショッピングができれば十分というところに留まって、それで世界を見たつもりになっています。

これは、誰もが通る道です。**誰でも、最初は異文化を知らないところから始まります。**まずはそれぞれに違いがあるという意識を持つことで、世界の多様性に気づき、成長していくことができます。

② 防御段階 「最高！」「ありえない！」

異文化に遭遇したときに、相手の文化を見下し、「私たちが正しい」「〇〇はだめだ」などと判断してしまう段階です。「遅れてる」「人としてどうかと思うんだよね」「カルトっぽくない？」などと、なんとなく敬遠することもあれば、攻撃的に批判することもあります。違いをもとに「自分たち」と「彼ら」の間に線引きをして、正しいか間違っているかで、価値の優劣を作ります。

日本にいれば、自分が多数派なので、なんとかなります。しかし海外に行くと、自分は少数派です。みんながサッカーをしようとしているところで、ひとりだけ野球バットを振り回すようなことになります。そんなことをしていたらさすがに追い出されるから、引きこもったり、日本人同士で集まったりしようとします。しかしこの状態に留まると、せっかく海外に行っても不満がつのるだけ。「がっかり！」パターンで終わってしまいます。

興味深いのは、**この防御段階が、一定数の「カブレ」パターンも作り出す**ということです。「フランスってオシャレで最高！　でも日本はださいよね」というように、「私たち」と「彼ら」とが出会った異文化の全てが素晴らしく感じ、逆に日本がだめなものだと思ってしまう。「フランスってオシャレで最高！」という感じ方の全ても、「彼ら」の方に価値を置いて、裏返しの劣等感で自分の文化を劣っていることにしてしまうのです。

いずれにしても、**わかりやすい違いに気をとられて、反射的に反応してしまっている**状態です。

これはこれで、自然な反応と言えます。誰でも、違いに驚いたり、不快になったり、逆にときめいたりするものです。しかしそこで、不快な気持ちを受け入れつつ、もう一歩先に進んでみてほしいのです。相手のことをより深く知っていくことで、共通点が見つかったり、不可解な行動の背景がわかってきたりして、「私たち」と「彼ら」の分断が緩んでいきます。

③最小化段階 「イッツ・ア・スモール・ワールド！」

ディズニーの「イッツ・ア・スモール・ワールド」に「And a smile means friendship to everyone」（世界中誰だって微笑めば仲良しさ）というフレーズがありますね。この段階では、文化を超えた共通点に注目して、「結局のところ、この人たちも私たちと一緒だ」と思い始めます。異文化の存在をスルーするわけでも、違いを嫌悪するわけでもなく、自分の延長として相手を大切に思う気持ちが生まれてきます。**「自文化中心主義」の最後の段階です。**

ここで、違和感を覚える人もいるかもしれません。最小化段階は、まだ自文化中心主義の一部ということになっています。つまり「自分の文化を美化していて、他の文化を見下したり排除しようとしている段階」ということなのです。

全く違うと思っていた人たちと共通点が見つかったときは、嬉しいですよね。「この人たちも自分と同じ人間なんだ」と思えると、安心します。世界のどこに生きている人だって、おいしいごはんがあると嬉しくて、大切な人がいて、涙をこぼし、赤い血が流れている。**相手との関係をあきらめたくなったときや、排除してしまいたくなったとき、この人も自分と同じ人間だと思えることが、最後のよりどころにもなります。**だから、初めてこの理論を知ったとき、私は何が問題なのか疑問に思いました。

そんなとき、イギリスのスコットランドに留学していたサヤカさんが、「わかったつもりでスルーされることあるよね！」と、このような話を聞かせてくれました。サヤカさんはお酒が好きで、よくみんなでバーに行っていました。スコットランドでは、誰かが、「今日はここは私が払うよ」と全額払う。そして次の飲み会では、別の人がみんなの分を払う。日本のように割り勘ではなくて、毎回別の誰かが払うことで、結果としてみんなが払った感じにするのです。しかし、飲み代は高いときもあれば安いときもありますし、あまり飲まない人が奢るときもあります。奢る回数はだいたい一緒になっても、トータルの金額は平等にはなりません。それに年下だったサヤカさんは、奢られる側になることも多く、それも気になってしまう。サヤカさんは、「スコットランド式のやり方を否定したいわけじゃないけど、自分はどうしても気になっちゃうんだよな」と思っていたそうです。

それで、ある日みんなにその話をしてみました。しかし、現地の人は「ま、そうかもしれないけど結局は平等にしたいってことで変わらないよね」とひと言で片づけて、別の話題に移っていきました。確かに、間違ってはいないし、自分もこの話にこだわって楽しい会話の邪魔をしたいわけでもない。それでも、なんだかすっきりせず、もやもやしたそうです。

この反応が「最小化」のわかりやすい例です。**相手との違いや、相手が本当に伝えたいと思っている背景を無視して、「結局は一緒だよね」と表面的に片付けてしまっているのです。**

サヤカさんが、割勘がいいと思う背景には、実は数字に対する感覚の違いや、「迷惑をかけないようにする」日本の風習などの、いろいろな要素が詰まっていたのです。しかし、少数派の外国人であったサヤカさんは、「同じだよね」という解釈に、それ以上何も言えなくなってしまったのです。

ここに、最小化が自分中心主義の一部である理由が見えてきます。私たちは「同じ人間」と言うとき、「イッツ・ア・スモール・ワールド」のロジックに当てはめるために、**自分たちにとって都合のいい要素をピックアップし、都合のいい解釈で「同じ」だと言ってしまっている可能性があるのです。**

特に、多数派で強い立場にいる人が「最小化」のメンタリティーでいると、差別や不平等を維持・拡大してしまう可能性があります。自分自身がもともと与えられている有利さ（特権）に気づかず、「人間なんだから誰だって苦労するよ」「そこは平等に行こうよ、平等に！」などと言って、マイノリティーや「弱い」立場にいる人との対話や、お互いへの理解、必要な配慮を押しつぶしてしまう危険性があります。

この「最小化」がわかりにくいとしたら、私たちの周りに「最小化」が空気のように漂っているからかもしれません。日本では、「違うな」と感じるものに出会うと、攻撃もしないかわりに、向き合いもしない。なんとなくニコニコして、無難なところで留める傾向があるように思います。異質なものに出会ったとき、「最小化」で対応することが多いのではないでしょうか。それが当たり前すぎて、気づかないのかもしれません。

海外で暮らしていても、「最小化」の段階で留まり続けることもできてしまいます。表面的なところで仲良くしてやり過ごすことも可能ですし、短期のプログラムだと、そもそもそういった違いにぶつかる前に終わってしまうこともあります。「長い観光旅行」パターンの人がいるのは、違いに気づいていない「否定」の段階か、この「最小化」の段階です。

自分化中心主義から、文化相対主義へ

「自文化中心主義」とは、自分の文化が他の文化よりも優れていると思いこんでいて、その視点から世界を見ている状態です。わかりやすく差別や批判をしているときもあれば、無知なだけのときもある。穏やかに微笑みながら、優越感を持っていることもあります。安定しているように見えて、実は視野は限定的で、不自由でもあります。ここを超えることができたとき、文化相対主義という新しい世界が始まります。主観を超えて、相手側の価値観でも世界を見ることができるようになり、幅広い視野を持ちつつも、自分自身を見失うわけでもない、より広くて自由な世界です。

日本では、子どもたちが、人との付き合い方で最初に教わることのひとつは、「自分がされ

て嫌なことは、人にもしない。自分がされて嬉しいことを、人にもやってあげよう」という姿勢ですよね。「あの人も私と同じ人間」というのは、とても大切なことです。他者に対する共感の出発点だし、人が殺し合わずにともに生きるための最後の砦です。だから**「イッツ・ア・スモール・ワールド」は大間違いではない。とても大切な、素晴らしい感覚です。**

しかし、大人になってくると、世界がもっと広がり、複雑になります。互いに同じ人間であるというのは大前提のうえで、「自分にとってベストなことが、ほかの人にはベストだとは限らない」「ひとりひとりいろんな事情や個性がある」「自分を押しつけるのではなくて、相手の立場に立って考えることが大切」なんて、より高度なことを学んでいきます。そして、次の段階へと成長していきます。

④受容段階 「ああ、そういうことなんだ」

この段階に来て、初めて私たちは異文化を受けとめることができます。**自分の文化のものさしで相手を判断するのではなく、「自分たちとは全く違う世界を生きる人たちなんだ」と実感し、行動や価値観の違いを尊重できるようになります。**

相手が自分たちとは違うということに気づき、その違いを歓迎できるようになると、尊重の気持ちと好奇心が湧いてきます。知識や理解が深まり、相手の行動のもととなった価値観や、その価値観を作り出した背景や文脈を知り、「だからこういう行動をするんだね」「なるほど、そういう意味があったんだ」と理解できるようになります。

この段階になると、**自身の文化への態度も変わります**。自分の文化が世界の常識なのではなく、世界中のさまざまな文化の中のひとつに過ぎないということが、感覚として理解できるようになります。そして、異文化に向けた問いと理解が、自分自身の文化へも影響します。相手の目線で物事を見られるようになるからこそ、「この人たちがこうだとしたら、自分はどうだろう?」と、自分自身の姿をより客観的に見られるようになるのです。

⑤適応段階　「スイッチング」

文化の壁を、自由に飛びこえる視点が身につきます。自分の中に、「日本人モード」と「現地人モード」があって、そのモードを自由に切り替えられる感じです。相手の文化に対しての理解と共感をもとに、物事の見方、考え方、感じ方そのものの枠組みを、柔軟に切り替え、これまで異質だった相手にも感情移入できるようになります。

チリの道場で出会ったハイメ先生は、弁護士を本業にしながら合気道を教えていました。日本語も流暢で、現地で暮らす日本人からは「日本人以上に日本人だよね」などと言われていました。穏やかに微笑み、目上の人には自然な気遣いを見せる優しい人だけれど、道場で教えるときは、少しとっつきにくいほど威厳のある、かっこいい先生でした。しかし、いつも日本人っぽいわけでもなく、チリ人の仲間と飲んでいるときはにぎやかで、ジョークを飛ばしながら楽しく過ごしているし、年上の人をからかうこともある。「日本人モード」と「チリ人モード」が先生の中にあって、誰といるかによって、自然にスイッチを切り替えることができる人だったのです。

たとえば日本人がアメリカにいた場合、日本人の仲間と一緒にいるときは、丁寧に相手の話を聞いて、空気を読みながら行動する。しかし、アメリカ人に対しては、言いたいことがあったらどんどん言うし、相手がガッツリ自己主張してきてもおじけつかない。タイにいるときは、相手が二十分遅刻しても気長に待つけれど、日本にいるときはしっかりと時間を守るというように、**認知の枠組みそのものを切り替えるようなイメージです。**

なんだかすごい話に聞こえるかもしれませんが、**「モード」の切り替えは私たちが自然とやっていることです。**大学の友だちと遊んでいるときと、体育会系の部活のときの自分。会社で働いているときと、家族や恋人と一緒にいるときの自分。同じ日本語を話していても、精神状態やふるまい、しぐさや声の出し方、優先順位や考え方まで違うことってありますよね。私たちはそれぞれの環境に応じた「モード」をいくつも持っています。同様に日本の文化と他のさまざまな文化という、大きな枠組みの間でも切り替えられるようになるのです。

⑥統合段階　「シームレス」

さまざまな文化の世界観を行ったり来たりすることができるようになります。自分の中に「○○文化モード」がいくつもあって、それを自由に出し入れできるような感覚です。「この文化ではこう考えるな」「あそこの人たちはこうしそう」などと、**自分の中に多様な文化が同居し、ひとりの人としても広い世界観を持っています**。

自由に考えられるからこそ、ひとつの文化にはまりきった状態ではなく、必要に応じて常識に囚われない行動ができます。新しい文化に出会っても、スムーズにその文化を理解し、相手の立場に立てるようになってきます。その、幅広く柔軟に移り変わる過程そのものが、自分のアイデンティティーになっていきます。

このような状態が本当に実現可能なのか、私にもわかりません。しかし、自分の中にいろいろな世界がある、いろいろな自分でいられるのは、とても素敵なことです。私自身も少しでもこの状態に近づきたいと思っています。

W字曲線に見る、異文化適応の旅路

異文化に対する感受性を鍛えつつ、異文化の中で暮らしていくとき、人はどういう経験をす

異文化適応のW字曲線モデル

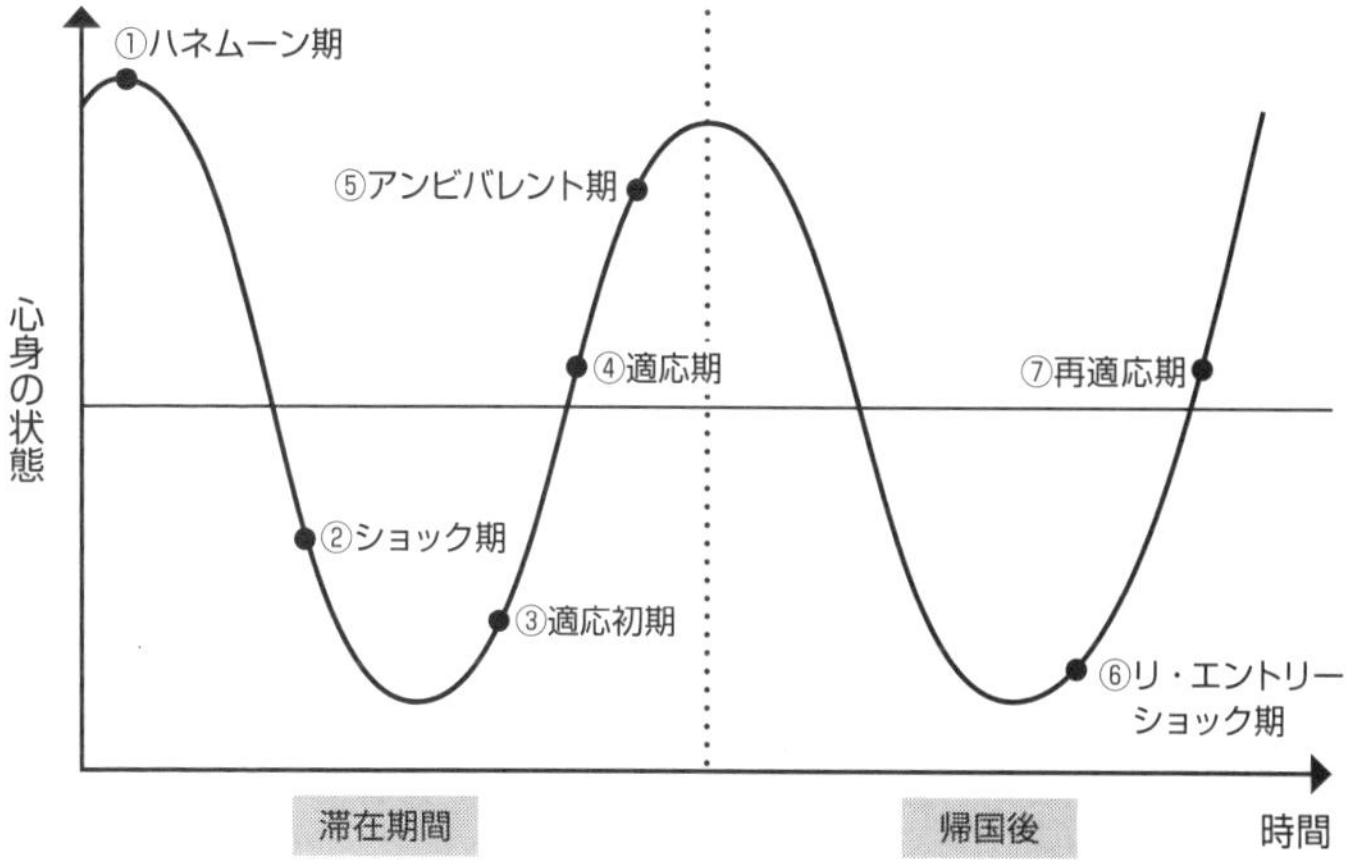

※ Gullahorn & Gullahorn（1963）などを参考に著者作成

るのでしょうか？ そのイメージを見せてくれるのが「異文化適応過程のW字曲線モデル」です。実際には、このW字にぴったりと合ったような体験をする人もいれば、「全然違った」という人もいます。

①ハネムーン期

現地に到着してすぐの、気分が高揚している状態です。見るもの、食べるもの、出会う人、何もかもが新鮮できらきらとしています。ちょっとびっくりするような経験をしても、「そういうのも面白いよね」と前向きに捉えられます。恋をして舞い上がっているときのように、**アドレナリンがバンバン出ている状態です。**しかしこういった精神状態も、一～三カ月もすれば、疲れが出てきます。

②ショック期

「異文化疲れ」の状態です。到着からしばらくたって、疲れが出てきたり、細かなカルチャーショックがボディーブローのように効いてきたりします。「こんなはずじゃなかった」「もううんざり」と、落ちこんだり、いらついたり、後ろ向きな気持ちになります。授業や仕事の難しさに直面するのも、このあたりかもしれません。私は、現地到着から二、三カ月目ぐらいに、こういったハードな時期を過ごします。だいたい風邪をひくかお腹を壊して寝こみます。

このショック期でひとつ覚えておきたいのは、**テレビで紹介されるような激しいショックよりも、地味な異文化疲れのほうが、じわじわと効いてくるということです**。この状態のまま引きこもってしまうと、「がっかり!」パターンで終わってしまいます。この章の最後のほうで、異文化疲れへの対処法もお話ししますね。

③適応初期

異文化感受性が高まり、少しずつ現地と自分との折り合いがつくようになってきます。現地の人たちの考え方や価値観への理解が深まり、「ありえないと思っていたけど、実はこんな意味があったんだ!」「こういうのも悪くないかも」と思えるようになってきます。現地語でのコミュニケーションにも慣れて、生活の快適さも増してきます。

④適応期

いわゆる現地になじんだ状態です。自分の中に「現地人モード」が定着してきます。単に現地の習慣を覚えただけでもないし、表面的に尊重するだけでもありません。現地の人の見え方や感じ方が自分の中に根づいてきます。同時に、これまで日本人として無意識に持ってきた思いこみや常識を、一歩引いた客観的な目で見られるようになります。**どっちがいい・悪いではなく、どちらも自分の中に共存している状態**。それぞれの文化のいいと思うところはもちろん、**ちょっと困ったところも笑い飛ばしながら、大切にできるようになります**。この段階になると、あなたの前に、新しい世界が開けてきます。

⑤アンビバレント期

帰国が近づくと、さまざまな気持ちが入り乱れ始めます。「もうすぐ帰国だ」「お風呂！　みそ汁！」「友だちにも会える！」とわくわくしたり、「このクラスに来るのもあと三回か」としんみりしたり、気持ちが忙しく浮き沈みします。

このアンビバレント期に「自分は結局、言葉を覚えただけで、何も成長してないんじゃないか」「本当の意味では現地の人とわかり合えてない」などと焦る人も多いです。私自身も、帰国の二、三カ月前から徐々にそういう気持ちになってきて、一カ月前ぐらいにピークを迎えた気がします。そういうときは、悔いの残らないようにできるだけのことをしつつ、自分自身に、「変化の大きさ」よりも「方向の変化」のほうが大切だということを言い聞かせます。

⑥リエントリーショック期

この「逆カルチャーショック」は、あまり語られることがありませんが、とても重要です。帰国直後の「日本食おいしい！」「お風呂気持ちいい！」「友だちと日本語で話せるって最高」という逆ハネムーンの時期が過ぎると、今までは当たり前だと思っていた日本のいろいろなことに、違和感を覚え始めます。街を行く人たちの表情、お店の人たちのふるまい、友人や家族の言葉や行動……。故郷に帰ってきたはずなのに、どこか知らない国に来たような、なじまない感覚に襲われます。その違和感をうまくわかってもらえず、孤独感に襲われることもあります。

本当は、「逆カルチャーショック」があるのは、素晴らしいことなのです。**しっかりと現地に適応し、新しいものの見方「現地人モード」を手に入れたからこその、揺り戻しなのですから。**海外で楽しかったにせよ、大変だったにせよ、あなたが思いきり学び、成長したからこその、葛藤なのです。

⑦再適応期

時間とともに、逆カルチャーショックの衝撃も薄らいできます。日本でのふるまい方も学び直し、違和感を覚えずに過ごせるようになってきます。少しずつ「日本人モード」の自分を取り戻してきた感じでしょうか。

かといって、海外での経験がなかったことになるのも、もったいないですよね。**ただの思い出としてしまいこむのではなく、現地で身につけたことや、広がった視野、新しい世界観も大切にしていく**。日本のやり方も大切にしながら、必要に応じて、別の考え方やふるまいもできる。そうやって両方の視点が統合されていく中から、新しい世界が広がっていきます。

再適応にかかる時間は、人によっても海外滞在の期間によっても違い、比較的楽なこともあれば、数カ月かかることもありますし、長く海外にいた場合は、年単位での取り組みになることもあります。

◆七年後にわかること

再適応とその後について、もうひとつ、私の思うことを付け加えさせてください。それは「どうしてあんな経験をしたのかな」「結局、海外に行ったのは何のためだったんだろう」という答えを見つけるのに、何年もかかることがありますが、それでもいいのだということです。

内閣府の実施するプログラム「世界青年の船」で出会ったカナダ人のリーダーが、「あの一カ月半の船旅にどんな意味があったのか、七年たった今になって、やっとわかってきた気がするの」と言っていました。

たった一カ月半の船旅の意味が、七年後にわかる。そういうことだってあるのです。私も、自分が、「何かしらの形で平和に関われているのかも」と思えるようになるまで、十年弱かかりました。海外での経験が強烈で充実していればしているほど、充実していたほど、消化するのには時間がかかります。

自分が体験していることの意味を見出せないときって、苦しくなります。「あれはなんだったのかな」と考えても答えが出ないときって、もやもやするし、じれったいものです。しかし、無理に決着をつけようとせず、粘ってほしいのです。答えを焦り過ぎると、「あのころは若かったし」みたいに片づけてしまったり、目の前の現実を受け入れられなくて、迷走したまま人生を送ってしまう可能性もあります。**すぐに答えが出ないのは、悪いことじゃない。あなたが大きな体験をした引き換えに、大きな宿題をもらったというだけのことです。**だからゆっくり行きましょう。余裕のあるときに思い出しながら、じっくりゆっくり考え続けることで、いつか「ああ、あれはこんな意味があったのか」と、より深い意味が見えてきますから。

異文化理解の「杖」と文化の「地図」

海外経験による浮き沈みを乗りこなし、異文化感受性を高め合っていくことで、より視野が広くなり、同時に、ひとつひとつの文化により深く共感することができるようになっていきます。これまでお話ししてきた、異文化を理解する力が、世界を歩くための「筋力」だとしたら、文化の傾向への知識は、助けになる「杖」です。**杖なしでも歩ける体力をつけることが大前提ですが、文化の傾向を知ることで、よりスムーズに、より安全に、目的地にたどり着けます。**

それぞれの文化には傾向があります。もちろんひとりひとりを見れば個性がありますが、「この文化ではこういう考え方やふるまい方をしやすい」という大まかな方向性です。この傾向をわかりやすくまとめたものに、ジェラルド・ホフステードの「六次元モデル」、エリン・メイヤーの「カルチャー・マップ」などがあります。

◆文化傾向の例「ハイ・コンテクスト」VS「ロー・コンテクスト」

代表的な文化の傾向の例を見てみましょう。エドワード・T・ホールの発見した「ハイ・コンテクストVSロー・コンテクスト」は、毎日のコミュニケーションに影響を及ぼしています。コンテクストは文脈という意味で、言葉で表 現されたことの周囲にあるさまざまな要素です。

意思疎通とコンテクスト

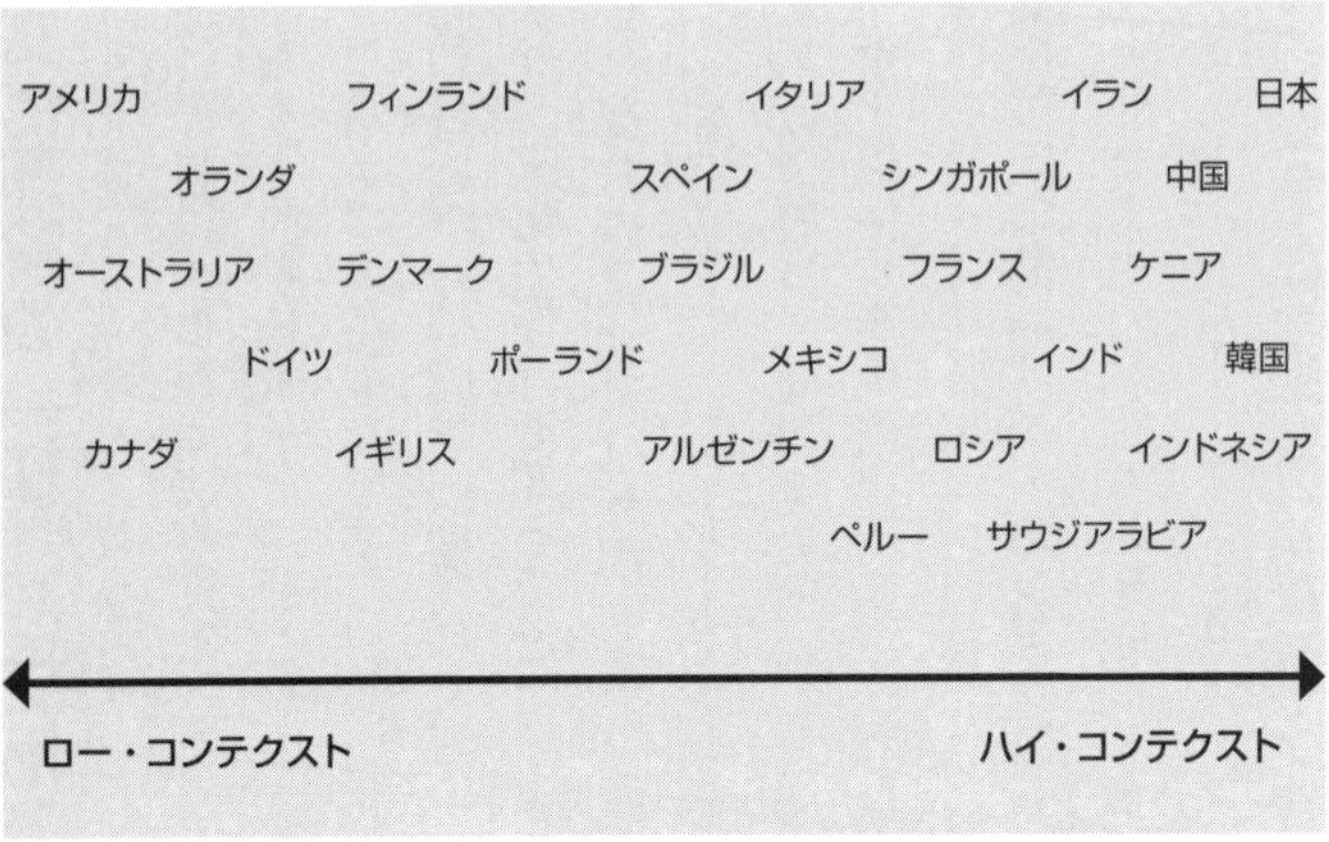

※メイヤー（2015）より著者作成

たとえば、その言葉の前にどういう会話があったか、お互いの関係性、場所や季節などの背景です。何かを伝えたいときに、文脈に依拠する傾向が高い文化が「ハイ・コンテクスト」、低いものが「ロー・コンテクスト」な文化です。

ハイ・コンテクストな文化では、伝えたいことを、ひとつひとつ言葉で直接的に説明することが比較的少なく、間接的に伝えたり、しぐさや目線で伝える部分が多くなります。直接的に気持ちを伝えるのは失礼だとされることもあります。メッセージの受け手は、言葉で言われたことではなく、その文脈も解読することで、本当に伝えたいことを理解します。暗号を送り合っているようなイメージです。日本語の「察する」や「空気を読む」という習慣と近いですね。実際日本は、インドネシアや韓国と並んで、最もハイ・コンテクストな文化を持つ国のひとつとされます。

ロー・コンテクストな文化では、言葉で明確に説明することが重視されます。言葉で言ったことが、そのまま伝えたいメッセージになります。不明確に暗示されたものは、認識すらされません。アメリカやカナダは、ロー・コンテクストな文化を持つ国の代表です。

たとえばあなたがデート中、「ちょっと歩き疲れたな、のども渇いたし、涼しいカフェで休みたいな」と思ったとします。そういうときハイ・コンテクストな文化では「や〜、暑いね」と言うだけで、相手は「ちょっと疲れた？　カフェでも入る？」と気を遣ってくれるかもしれません。そのメッセージに気づかない人は、気が利かないことになるし、あなたが「疲れたしカフェで休みたい」と言ったら、それはわがままとか言われかねません。

一方、ロー・コンテクストな文化で、「や〜、暑いね」と言ったらどうなるでしょうか。相手は言葉をそのまま受けとって「うん、ホントに暑いね」と答えて、歩き続けてしまうかもしれません。そのせいであなたが不機嫌になっても、「言わないとわかんないよ」と当惑されるかもしれません。ロー・コンテクストな文化では「あなたと歩くのは楽しいけど、ちょっと疲れたしのどが渇いちゃった！　私はどこか涼しいところでお茶でも飲みたい」としっかり言わないと伝わらないですし、伝えなかった自分が悪いということになります。

◆文化の指標で自分と相手を知る

コミュニケーションだけでなく意思決定の仕方、リーダーの扱い、何を見て人を信頼するのか……。それぞれの文化が、固有の傾向を持っています。**どの文化が良い・悪い、という話ではなく、そもそも「何がいいか」「何が悪いか」そのものが、文化によって違うのです。**そしてそれが、仕事の仕方やコミュニケーションにも反映されています。

こういったことを知っているだけで、海外での経験が大きく違ってきます。いわば文化の「地図」を持って旅立つようなものです。たとえばハイ・コンテクストな文化にいる私たちがロー・コンテクストな文化圏に行ったとしたら、思ったことを明確に伝えるように心がけるだけで事が円滑に進みやすくなります。自分の文化の傾向を知っていると、自分の思考や行動を少しずつ調整していけます。相手がストレートに言ってきても傷ついたりせず、「あ、ここはハイ・コンテクストだもんね」と受け止められます。異文化に触れたときの戸惑いや、苦労はゼロにはなりませんが、かなり楽になります。日本はどのあたりにあるか、行きたい国はどのあたりにあるか、ぜひ調べてみてください。

Column 8

学びのスタイルで大ゲンカ

二十代後半で留学したコスタリカの国連平和大学には、欧米からの学生が多くいました。「君はどう思う?」と意見を求めてくるから答えたら、「でも僕はこう思うんだけど」とかぶせ気味に言われたりする。元気なときはこちらもそのノリで「いやだからさ!」って主張できるけど、何度も重なると疲れてきて「お前が聞いてきたんだろうがよ最後まで話を聞けよ、特にアメリカ人!」という風になっていたりしました(笑)。きちんと考えを持っていて、ひとつひとつ話し合おう、お互いを刺激し合って伸びていこうとするその感じが、彼らの素晴らしさだと頭ではわかっていても、ときどき、許容範囲を超えてきたりするのです。一度、「お前らがさえぎるから授業全然進まねえじゃん。だいたいアジア人の意見も聞きたいとか言ってるけど、お前らが話しすぎてて口挟む暇もねぇよ。それに、先生の話も聞かせろよ。お前ら学生の話を聞くためにここにいるんじゃねぇよ」と文句を言って、クラス全体を巻きこんだ大激論になったこともありました(そのとき、「異文化同士が共存するということのむつかしさが、今まさにこの教室で起きている」と判断し、授業の内容を手放して、その議論を促進してくれた、平和教育の教授にはあらためて感謝です)。そういうぶつかり合いを乗りこえて、少しずつお互いへの理解が深まっていくわけですが、本当にうんざりしたり、自信をなくしたり、ただ引きこもっていたくなるときが、僕にもあります。

さまざまな文化指標の例

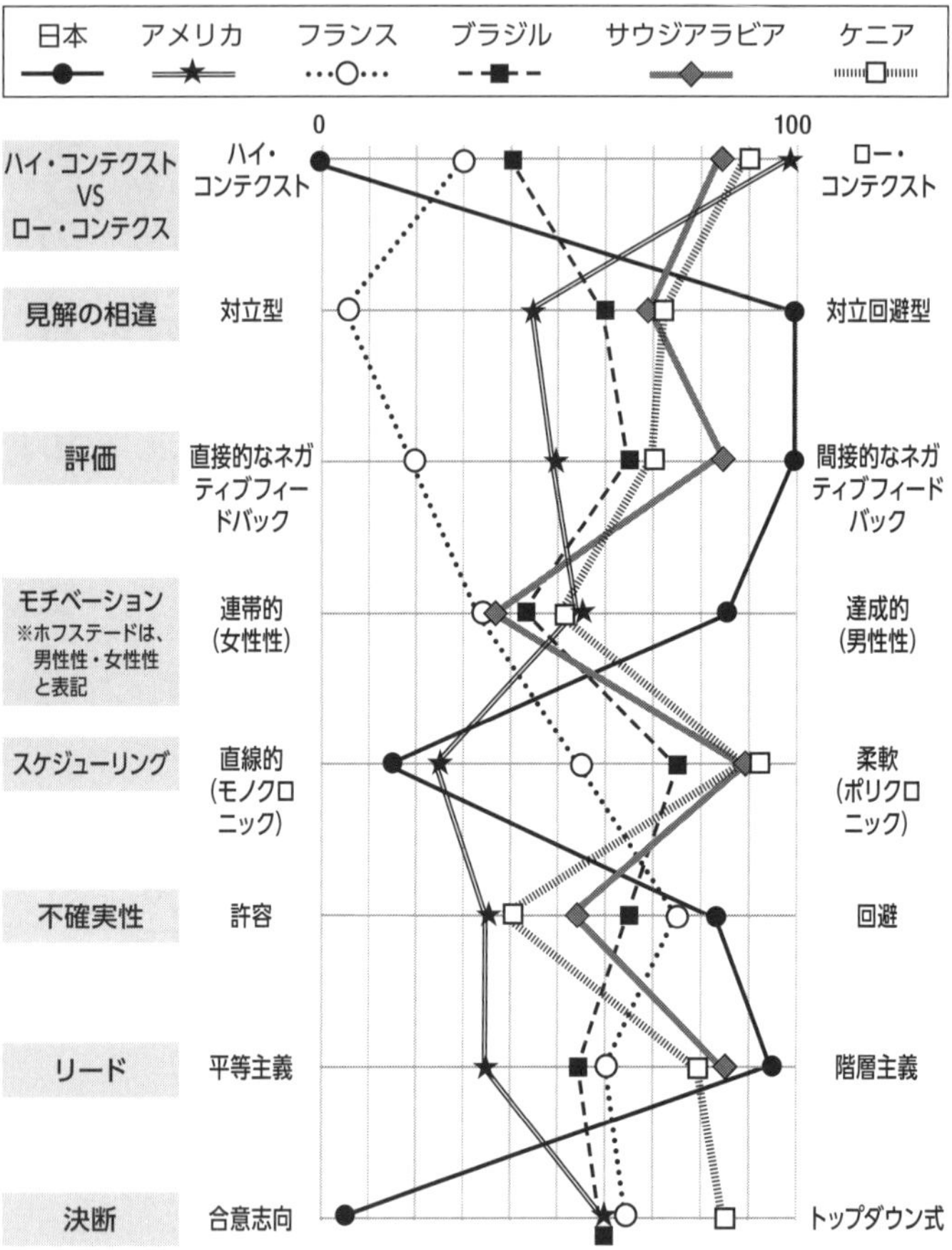

※国によっていろいろなありかたがあることを示すため、複数の資料を基に概算し、作成したものです。正確な調査結果は、エリン・メイヤーやホフステードの著作を調べてみてください。

参考資料

・「異文化理解力」2015　エリン・メイヤー（著）　田岡恵（監訳）　樋口武志（訳）
・「多文化世界―違いを学び共存への道を探る」1995　ヘールト ホフステード（著）, Geert Hofstede（原著）, 岩井 紀子（翻訳）, 岩井 八郎（翻訳）
・https://www.hofstede-insights.com/
・https://halkingblog.com/hofstedes-cultural-dimensions/#toc1
・https://speakerdeck.com/farai/cultural-bias-in-design-ers-ux-australia-2018

名称	概要	グラフの左側	グラフの右側
ハイ・コンテクスト VS ロー・コンテクスト	コミュニケーションが共有された背景（コンテクスト）に依拠する度合い	**ハイ・コンテクスト**：あいまいな表現を好む。「空気を読む」	**ロー・コンテクスト**：考えや意思を言葉で明確に伝える。
見解の相違	異論や反論があるときの伝え方	**対立型**：意見の相違はチームにとって良いものとされる。表立って批判するのも歓迎され、批判が人間関係に影響しない。	**対立回避型**：意見の相違はチームにとって良くないものとされる。表立った批判は禁物で、もしもやるなら1対1で。
評価	問題点や改善点の伝え方	**直接的なネガティブフィードバック**：直接的に、包み隠さず伝えられる。ポジティブなフィードバックで和らげたりなどはしない。	**間接的なネガティブフィードバック**：やんわりと伝えられる。フィードバックは1対1で行われ、ポジティブなメッセージで和らげる。
モチベーション ※ホフステードは、男性性・女性性と表記	人生の目標や生活の指標の捉え方	**連帯的（女性性）**：人とのつながりを重視。成功は運にも左右されると考え、弱者への思いやりも強調される。性別ごとの感情的な役割が重なり合う。	**達成的（男性性）**：社会的成功を重視。絶え間ない努力、成功や強さが賞賛される。性別ごとの感情的な役割が大きく違う。
スケジューリング	時間についてのイメージやスケジューリングの傾向	**直線的（モノクロニック）**：時間は有限な資産。厳密な時間管理を強調し、仕事を順序だてて行う。	**柔軟（ポリクロニック）**：時間は豊富にある。スケジューリングは柔軟で、あらかじめ決められた手順を守るより、人との関係性を重視する。
不確実性	未知の出来事や予想できない状況の捉え方を回避しようとする度合い	**許容**：リスクをとることをあまり怖がらず、ルールが少ない。実用重視。	**回避**：未知の状況に不安を覚えやすい。ルールや仕組みを大切にする。
リード	リーダーとメンバーの関係性や、組織・権力についてのイメージ	**平等主義**：それぞれが平等で対等。リーダーだからといって、人柄や能力が優れているとはみなされない。	**階層主義**：目上や年上の人が尊重される。リーダーは、優秀かつ常にどうすべきか指し示せることが期待される。
決断	組織として意思決定するときの決断のあり方	**合意志向**：意思決定に際して時間をかけて話し合い、全員で合意していく。意思決定に時間がかかるが、一度決まったことは素早く確実に行われる。	**トップダウン式**：意見交換などは重視されず、トップが意思決定を行い、メンバーは従う。決定は素早いが、実行の途中で変更されることも多い。

Column 9

合掌してもレストランから出られない!

チリのサンティアゴに留学していたとき、「おお、これがハイ・コンテクストなコミュニケーションが通じないいってことか!」と実感したことがあります。

ある週末、いろいろな国から来た留学生仲間と海岸の町、ビーニャ・デル・マルに観光に行ったときのことです。ランチタイム、みんなでレストランに入り、「チョリヤナ」という、ジャガイモと肉とチーズと卵を油で炒めたハイカロリーな料理を食べて、コーヒーを飲みながらおしゃべりをしていました。しばらくたって、じっとしているのが苦手な私は、そろそろ外に出たいなと思い始めました。

そこで僕は、少し会話が途切れたタイミングを見計らって、「ふぅ〜っ」と満足げなため息をつきながら、両手を合わせました。

しかし、誰も反応してくれません。みんなおしゃべりを続けます。

日本だったら、僕と同じようにそろそろ移動したい人が、つられて「ご馳走様」と手をあわせたりとか、携帯をカバンにしまったりとかしてくれて、なんとなく「そろそろ移動しようか」という空気ができてきます。

しかし、ここではそんな暗号は通じません。一緒にいたのは欧米を中心として五、六カ国の留学生。ご飯を食べ終わったら、ご馳走様と合掌をする習慣はありません。たまたまその習慣を知っていても、「ご馳走様＝そろそろ移動しようよ」という意思表示だなどと察してもらえないのです。

一瞬、あれっと戸惑いましたが、通じなくて当たり前だと気づきました。しばらく様子を見て、また会話が少し途切れたときに「そろそろ出発しようか？　港も見てみたいしさ」とロー・コンテクストに言ってみました。みんなも気分を害した様子もなく、「そうだね！」と賛成してくれて、会計を済ませました。

「確かに、自分もおしゃべりを切り上げたいときに合掌することがあるな」と言う人もいれば、「そういえば、そういう場面があったかもしれないけど、自分なら別のやり方をするな」と思う人もいるかもしれません。ぜひ自分は普段、どんな「暗号」をやりとりしているのか、改めて考えてみてください。面白い発見があるかもしれませんよ。

カルチャーショックよりも怖い「文化疲労」

異文化に関する知識を得て、その傾向を知っていたとしても、異文化に触れ続けるストレスは、地味にじわじわくるものです。インターネットで何度も調べられる現代には、本当に知らなかった、ショックだったということは次々と減っています。それでもなお、違いは違い。頭でわかっていても、心は違います。ずっと不慣れな状況にいることで、疲れきってしまうことがあります。

ごはんの味が濃い、気持ちを察してもらえない、夜中までうるさい……。そういった細かいストレスが積み重なって、心の弾力が失われてしまう。やたらイライラしたり、落ちこんだりしてしまう。それが、「Culture Fatigue（文化疲労）」です。

まず、**文化疲労は誰にでも起きる**ということを知っておいてください。慣れないごはんを毎日食べて、一日中外国語にさらされていたら、うまくいかないこともあるし、疲れやすくなって当たり前です。そこで生きているだけでも、大したものです。**そのストレスは、あなたが異文化に適応していく中で、避けられないものなのです。あなたが悪いわけでも弱いわけでもない。だから、自分を責めないでほしいのです。**

文化疲労を感じ始めたら、「おおっ、これが文化疲労か！」と受け止めて、少しでも自分をケアしましょう。長めに寝る、誰かに話を聞いてもらう、散歩をする、身体にいいものを食べる……。いろいろ試してみましょう。ストレス解消法には、ゆったり過ごして癒す系の「消極的ストレス解消法」と、動いて発散する系の「積極的ストレス解消法」があります。どちらも大切なのですが、**異文化疲れには「積極的ストレス解消法」が効きやすいとされています**。出かけたり、汗をかいたり、歌ったり……。あまり内にこもってもドツボにハマりやすいので、むしろ開放的に切り替えたほうが楽になるようです。

誰かに話を聞いてもらうのも有効ですし、趣味とか、運動とか、日本で気分転換によくしていたことをやってみるのもおすすめです。私も海外にいるとき、合気道の稽古にずいぶん救われました。ただし、お酒や暴飲暴食など、体に負担をかけると、身体の疲労が心の疲労を呼び起こす悪循環になりかねません。現地でもできる健康的な方法を見つけたいですね。**日本にいるうちに、ストレスを解消する行動をいろいろ試してみて、対処法のレパートリーを増やしておくようにすると、別の環境でもやれることが見つけやすくなるのでおすすめです。**

A Very Merry Unbirthday!

私もファシリテーターとして関わったことのある「海外ビジネス武者修行プログラム」では、二週間のプログラムの最後に「これからが本当の武者修行です」と伝えられます。私は、このメッセージは、ほかの海外プログラムでも大切だと思っています。

異文化に触れ、葛藤したり、疲れたりしながらも、海外にいる間って、とてもキラキラしています。特に、一〜三カ月程度の短期間で、交流やプロジェクトなどさまざまな活動をするプログラムでは、毎日が感動の連続です。あんな出会いがあった、こんな景色を見た、みんなが喜んでくれた、すごかった……。想いを共有し、応援し合える仲間に囲まれて、ときどき悩んだり、へこんだりすることすら、いいスパイスになります。文化の違いにびっくりすることはあっても、短期間ならテンションで乗りきれてしまいます。異文化とともに生きる難しさに直面することも、あまりありません。

このような短期プログラムそのものは素晴らしいものです。私自身も大好きで、参加したり、提供するチャンスに恵まれたことに心から感謝しています。留学とはまた違った魅力がありますし、日本や世界のため、こういったプログラムが続くことを祈っています。

でも、ひとつだけ注意してほしいことがあります。ごく稀にですが、**「日常」と「非日常」**

のギャップに混乱して、「キラキラ依存」になってしまう人もいるということです。このキラキラ依存は、文化の違いによる逆カルチャーショックよりもこじれやすいようです。ときには、疑わしいビジネスに手を出してしまったり、偏ったコミュニティーに参加してしまい、人生を迷走させたりしてしまう人もいます。

こういった短期プログラムは、ある意味ではテーマパークに似ています。現地での交流や、活動、お別れパーティーまで、主催者が全てを準備してくれています。そして私たちは、家事や仕事、近所付き合いといった、生活を維持するうえで必要なことを忘れて、プログラムに没頭できます。いくら社会問題を扱っていても、どれだけ「成長」や「主体性」といった教育的な価値を打ち出していても、それは**あらかじめデザインされ、日常から切り離された「非日常」な体験なのです**。私たちは、入場料を払ってサービスを受けるお客様として守られています。短期間でより多くの人に、より多くの体験を提供するためには、体験のデザインがどうしても必要ですし、非日常な体験そのものは悪いことではありません。

しかし、**旅から戻ったら、私たちはもうお客様ではなく、日常の中の一員です**。あれほど濃い日々を過ごしたのに、代わり映えのしない毎日。仕事に行ったり学校に行ったり、いつものメンバーと同じことをしている。あんなすごい体験をして、自分はこれほど成長したのに、周りの人にはわかってもらえない。素晴らしい仲間がいて、毎日が特別だったあの日々が恋しくてたまらない……。体験が素晴らしければ素晴らしいほど、このギャップも大きくなります。私自身も、心のどこかがふわふわとまだその場所にいて、いつもの毎日になかなか気持ちが戻ってこない感じになったことがあります。

このロス状態は自然なことで、心配はいりません。ほとんどの場合、時間とともに落ち着いてきます。それにしっかりした団体のプログラムは、帰国の前後に、このギャップへの心構えと、その後コツコツと現実を変えていくためのプランニングの時間をとっています。帰国後も仲間と支え合うための仕組みも整えているので、大丈夫です。

しかし、「キラキラ感」ばかり強調して、帰国後のケアをおろそかにしているプログラムもあります。「これからが本当の始まりだ」という心構えのないまま帰国して、混乱してしまう人もいます。強烈で、有意義な体験をしてきたからこそ、その非日常のキラキラ感にとらわれやすくなります。そのせいで、**日常が無意味なものに感じ始めたら、要注意です**。

テーマパークは「遊び」だとはっきりしているから、それほど混乱しませんね。ゲートを出るときに、「ああ楽しかった！　明日から頑張るぞ！」と思えるのです。いつもの日常が、テーマパークほどキラキラしていないのは当たり前なので、割りきれます。

一方で、**貢献や成長といった目的を掲げているプログラムは、そうであるからこそ心構え**を持っておきましょう。訪問先の社会問題などに触れながら、仲間と応援し合って挑戦していく中で、プログラム用に切り出された体験と日常との区別が曖昧になりやすくなってしまうので、注意が必要です。

人生や社会は、日常の積み重ねで成り立っています。歴史に残るような偉業も、日常の積み重ねから生まれています。**人生を、世界をより良くしたければ、日常を少しずつ変えていくしかないのです。**しかし、日常に向き合うのではなく、非日常を味わうことが生きる目的になってしまうことがあります。さえない自分のことが嫌いになってしまったり、周りの人たちを「意識が低い」と見下してしまったり。あのキラキラ感をまた味わいたいと、似たようなプログラムを渡り歩いてしまうこともあります。正直に告白すると、私自身もキラキラ依存になってしまった時期がありました。しかし、これでは本末転倒です。**現実を変えるためのプログラムで、日常から眼を背けてしまっていたら、それはただの現実逃避です。**

プログラムでの体験と帰国後の日常にギャップを感じることそのものに、問題はありません。ただそれは、プログラムとして提供された、輝く可能性を味見したようなものです。**今度はあなたが、あなた自身の力で、その可能性をこの世界に表現していく番です。プログラムに依存するのではなく、あなた自身が輝き、少しずつ世界を照らしていくのです。**そうするには時間がかかります。努力も必要です。自分なりのやり方を少しずつ見つけて、試行錯誤を繰り返して、コツコツと自分の輝きを発掘して、表現していくしかない。簡単なことではないけれど、焦らなくて大丈夫です。一日一日に想いをこめて、あのとき垣間みた可能性を少しずつ形にして、積み重ねていけばいいのです。

ディズニー映画『ふしぎの国のアリス』のマッドハッターは「A Very Merry Unbirthday!（何でもない日おめでとう!）」と歌います。地味かもしれないけど、何もない日常って、とても大切。しっかり寝る、ごはんを食べる、家族や友達と過ごす、一休みしたり、自分の役割を果たしたり、誰かと助け合ったり。こうした日常があるからこそ私たちは生きていけるのです。そしてそういった日常の積み重ねが、私たちの人生を支え、この世界を支えています。日常をコツコツ磨いて、少しずつ良くしていくのは、それが大切だからです。一日、二日で派手な変化がなくても、いいのです。**何年かかってもいい。時間がかかっても、ちょっと遠回りしても、あなたの人生はなくなりはしません。この世界も逃げてはいきません。**だから大丈夫です。いっぱい夢を見て、遠くを見ながら、足元の一歩を少しずつ踏み出していきましょうよ。

今までとも地続きで、新しい想いと努力のこもった、「unbirthday（何でもない日）」の毎日をお祝いするのも、なんだか素敵ではありませんか?

ともに、その先に

異文化は、ストレスにもなります。怖いものともなります。多様性の中で生きることは、甘くない。しかし、人類を含めた地球上の生物はバリエーションを増やすこと、つまり多様性によって生き残りの可能性を高める戦略で、ここまで進化してきたんです。みんなが同じだったら、快適だけど弱いし、ちょっとでも想定を超える出来事があると、ぽきりと折れてしまう。みんな違うと、ストレスがかかりますし、めんどくさいことも多い。そのかわり、何かあっても、誰かが対応できる。お互いの違いや強みを出し合って、先に進んでいけます。**違うからこそ出会って、学び合える。違うからこそ助け合えて、ともに歩けるのです。**

私自身も、まだまだいろんなところで異文化を無視したり、無意識に自分を防御していることもあります。それでも、もっと広くて自由な自分でいたい。そしてカラフルな視点を身につけたい。いつもそう思っています。

Columun Interview

片っ端から挑戦。そこから次が見える

二瓶友岳さん
ベトナムの会社員

学生時代にインドネシアに行った経験から、卒業後は東南アジアで働きたいと考え、さまざまな試行錯誤ののち、ベトナムのＩＴ企業で働いている。誰かの役に立つサービスを個人開発したいと思う週末。

東京育ちですが、地方に行きたくて、山形大学に進学しました。何のしがらみもなく挑戦したら、やりたいことが見えてくると思ったんです。

一回生から、学生がやりそうなことは全部やっていました。渡航費と単位が出る授業でインドネシアに行ったり、学生団体や文科省の起業家育成プログラムに参加したり、そんな中で出会ったかっこいい先輩にあこがれたりという経験もしました。

一方で、同じ目線で語れる同年代がいないこと、「あいつなんか違う」と言われてしまうことに悩んでいました。「海外ビジネス武者修行プログラム」は、東南アジアに興味があったし、参加後に運営会社でインターンができれば、くすぶっている同世代のきっかけになる、山形に仲間が増やせると思い、参加しました。

プログラムでは、ベトナムでビジネスに取り組んだのですが、今思うと、当時は自分のマインドが良くなかったです。期間中、目の前の課題より、参加後に意識が向いていたし、いろいろやってきた自分に酔っていて、「自分は正しい！」と思っていました。自分に嘘をついていたからチームメンバーとも向き合えず、後味の悪さが残りました。

参加後はインターンに応募して、まずは山形で、半年後からはベトナム法人の日本語学校の長期インターンに行きました。日本語の授業も、同時並行で担当していた日本側のインターンも、両方で成果を出すつもりでしたが、全部うまくいきませんでした。クラスの生徒も私が担当してから減って、日本側ともちょっとモメて、最初の半年はずっとつらかったです。

夏に武者修行プログラムのファシリテーターがベトナムに来たので、相談して、改めてゴールを考え直しました。何もかもじゃなくて、生徒に「よかった」「まだいてほしい」と言われながら帰れるレベルの関係性を作って授業をすることだけに集中する。他はいい。そう決めました。すると生徒の反応も良くなって、自分にできることも見つかって、楽しくなったんです。

現在はＩＴ企業に就職し、ベトナムで暮らしています。ＩＴもベトナムも望んでいたことだったので、人生が前に進んでいる感覚があります。

今からでも遅くない、やってみたいと思ったら、逆算して、選択肢作りまくって片っ端からやるだけだと思います。「自分には無理かな？」という気持ちが生じたら、だいたい全部挑戦していいます。その分だけ人と出会えて、知ることができる。これは自分には合わないとわかることもいいことだし、次にやりたいことも見えてくる。だから後悔はないですね。

第六章　海外を最高の体験にする

海外に行くことで手に入るものは、語学だけでもないですし、履歴書に書ける経歴や思い出だけでもありません。海外はあなたの感性を開き、心のインナーマッスルを鍛え、より面白く、豊かな人生を歩むための多くの経験を与えてくれます。

海外経験を一過性のものに終わらせず、将来へとつながる最高の体験にするために有用な考え方をご紹介します。

目的とポリシーがあれば、予想外の展開にも折れにくい

「時間を有意義に使うために、現地での計画を立てなさい」と言われたことがある人も多いと思います。私も大賛成です。一方で、しっかりと計画を立てていても、現地に到着してみたら状況が全然違っていたということもあるのが、海外です。

そういうときのために持っておきたいのが、**目的とポリシー**です。

目的とは、最終的にどういうことを実現したいのか。何のために日本を出るのか、海外に行く意味は何なのか、ということです。この目的さえぶれなければ大丈夫。状況の変化に応じて、目標と計画は、どんどん変えていいのです。

ポリシーとは、日々をどう過ごすか、一瞬一瞬、何を大切にするかということです。**目的**

が「どこにたどり着きたいか」だとしたら、ポリシーは「どんな歩き方をしたいか」です。普段、あまりポリシーについて考える機会はないかもしれませんが、予想のつかない状況ではポリシーはとても大切です。**どこに向かえばいいかわからなくなったときも、次の一歩をどう踏み出したらいいのかがわかっていれば、とりあえず歩き続けられるからです。**そして歩き続ければ、次の景色が見えてきます。

私がチリに留学したとき、目標がひとつありました。それは、卒業論文のための研究です。しかし、現地でリサーチを開始して、二カ月で挫折しました。無理だったときの代替案として考えていたもうひとつのテーマも、チリでは不可能だとわかりました。

そんなときに、ポリシーが助けになりました。私のポリシーは、「ラテンアメリカの、あの一瞬一瞬を生きる感じに触れる」「チリだからこそできることをやる。観光客ではなく、留学生だからこそできることをやる」ということでした。

卒業論文の計画は白紙に戻し、一日一日できることを探すなかで、まずはブラジルの格闘技、カポエラを始めました。これが楽しかった！　それも、身体を使うものって、言葉なしでつながれます。ハマって、一生懸命練習していると、みんな「なんかあの日本人、一生懸命じゃん」なんて思って、いろいろ教えてくれます。休みの日は昼過ぎに集まって、公園でホーダ（空手の組手のようなもの）をして、みんなで軽く食べた後に友だちの家にいき、芝生の上でだらだら練習して、語り合って……。ついにはカポエラが面白すぎて、ブラジルまでバックパックで行ってしまいました。

チリ人は意外と真面目で、どちらかというと内向的です。「一瞬一瞬を生きる」という感じではないのですが、カポエラと仲間のおかげで、その感覚に触れることができました。やりたいと思っていたことができないと、ついつい落胆して、立ち止まってしまいます。そんなとき、あらためて「何のために」と「何が大切か」に立ち返ると、もうひと頑張りできたりします。

1.1を積み重ねる

そんな「もうひと頑張り」のときに、大切にしてほしいことがあります。

海外では、さまざまな浮き沈みや、予想外の展開を経験します。人生の大切な時間、うまくいかないときも折れず、うまくいっているときも油断し過ぎずに進み続けるために、大切なことのひとつは、「1.1」を積み重ねていくということです。

これは、楽天大学の学長、仲山進也さんから教わったことですが、数字「1.1」の二乗（1.1×1.1）は、1.21です。あまり変わりませんね。三乗しても、1.331。それが、五乗になると、おおよそ1.61、十乗は2.59と増えていって、五十乗は117、六十乗になると304。こうなると文字通り指数関数的に増えていき、七十乗で789、百乗になると、13,780となります。

ほんの少しずつ上乗せを続けていくだけで、驚くほど多くを蓄積できるのです。

新しい単語をひとつ使ってみたとか、そういう小さなことでいいのです。「今日はこれを上乗せしたぞ」と言える毎日を過ごしていく。**ちょびっとでいい。むしろちょびっとだからこそ続けられるのです。**

逆に0.9は十乗で、0.35。手を抜きつづけていると、いつの間にか多くのものを失ってしまいます。そうかといって途中で力尽きたら、トータルでの蓄積は大きくなりません。倍頑張っても、途中で力尽きてしまったら、水の泡。とにかくこつこつ積み重ねる。**二倍頑張るのでも、三倍頑張るのでもなく、1.1乗を繰り返してほしいのです。**

1.1乗を繰り返しているうちに、ほんの少しの成果が出ます。目の前の子どもが笑ってくれた。片言のプレゼンなのに面白がられた。ホストファミリーと交渉して棚を修理してもらった……。海外でひとり挑戦し、むき出しになっているあなたの心には、ささやかなこともびりびりと響きます。小さな成功経験が、力と自信をくれます。まだまだやれるかもという気持ちにさせてくれます。

さらに三カ月、半年と経つころには、1.1を作り出す力がついてきます。大きな課題に対しても、最初の小さな一歩を見つけられるようになったり、自分はどういうパターンでやっていくのが得意なのかもわかってきます。ときには、ちょっとした行動が波及して、驚くようなミラクルを引き起こす体験もするかもしれません。

だから、焦らず「1.1」。初めは下手でもOKです。無理に、ホームランを打たなくてもいいのです。部屋の内装を変えるみたいな小さな変化も、世界を変えるような大きな変化も、一番最初はこの両手でできること、ちっぽけな人間の、小さな行動から始まるのですから。

Do more の法則

国際協力の世界には「Positive Deviance（ポジティブな逸脱例）」という考え方があります。たとえば、伝染病などの問題が起きているコミュニティーを支援するときに、まずは同じ条件なのに、例外的に感染していない家庭を探し出します。そして、その家庭が、どうしてうまくいっているのかを解析し、他の家庭にもやってもらいます。それまでと全く違うことをはじめるのは大変ですが、もうそこにあって、すでにうまくいっていることを活用すると、意外とスムーズに状況が改善することが多くあります。

これは、海外でチャレンジするときにも、覚えておきたい考え方です。たとえば今の状況が自己採点で四十点のとき。「どうして六十点も足りないんだ」と考えてしまうと、つらくなり

角度の違いが大きな変化を作る

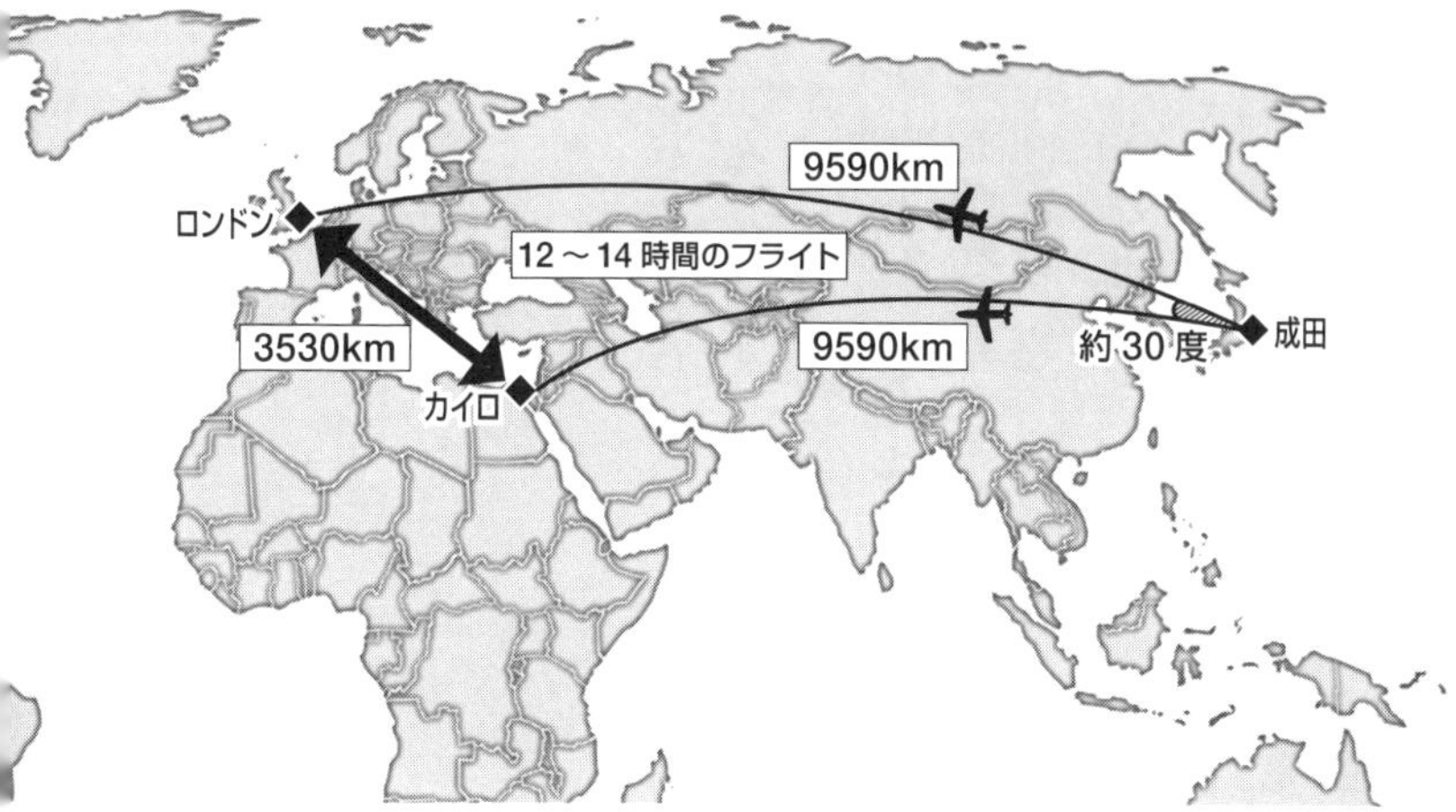

※数値は概算

ますよね。そのかわりに、「こんな状態で、なんとか四十点はとれてるのはどうしてだろうか?」と考えてみるのです。すると、何かしらうまくいっていることと、その理由が見つかります。友だちの助け、お気に入りの場所、少し頑張れてること……。**すでにうまくいっていることを見つけて、それをもっとやってみます。新しいことを始めるより、「すでにあるもの」を増やすのは簡単ですし、成功確率が高くなります。**そして、何かがひとつうまくいきはじめると、いろいろなことが連鎖的にいい方向に展開していくこともよくあります。

大切なのは方向と角度の変化

これまでに何度も、「海外行ったら、人生変わりますよね⁉」と聞かれたことがあります。そういうとき、ひねくれ屋の私は、「海外に一、二年行ったところで、人生変わらないですよ」と言ってしまいます。大切なのは「どれだけ変わったか」ではなくて、「どこに向かい始めたか」だからなのです。

終章に詳しく書いていますが、私の初めての海外経験は、高校生のときのノルウェー留学でした。そこで現地で出会った女性に恋をし、帰国後すぐに九・一一同時多発テロが起こり、強い衝撃を受けました。今から思えば、あれが人生の転換点でした。しかし、そのころの私は、ただの高校生でした。世界のことはほとんど何も知りません。カリスマ性もなく、むしろクラスメートと仲良くするのも難しい性格でした。平和を促進するどころか、嫌いな奴がいっぱいいました。一年間海外で過ごしたというのに、ほとんど何も変わっていなかったのです。

でも、少しだけ変わったことがあります。それは、「角度」です。

たとえば成田空港からイギリスのロンドンに行く飛行機と、エジプトのカイロに行く飛行機があるとします。出発地点も同じで、計算の仕方にもよりますが飛行距離もほぼ同じ。目的地への飛行距離も同じ。でもふたつの飛行機は、それぞれ数センチだけ違う方向に舵を切ります。その数センチの違いが飛行の角度を三十度ほど変え、約十三時間後、ふたつの飛行機は、世界金融の中心地ロンドンと、アラブ文化圏の中心都市カイロという、全く違う場所に着陸します。

長い時間の中では「角度」こそが、大きな違いを作るのです。

海外に行ってすぐ「めっちゃ変わった！」という風にならなくてもいいのです。百キロメートルのジャンプをしても、三年も経てば時間の中で埋もれてしまいます。**しかし、角度が変わると、旅路そのものが変わるのです。だから、あなたの心に芽生えた想いを、忘れないでほしい。**地味でも、目立たなくても、投げ出さないでください。「そんなこともあったね」で片づけず、大切に温め続け、焦らず、急がず、歩き続けてほしいのです。そして三年後、もしかしたら五年後、十年後かもしれませんが、自分がいつの間にか、全く違うところにたどり着いていることに気づきます。

私の人生の角度を変えた、あの九・一一から二十一年。私はあなたに向けてこの本を書いています。

「上げ底」なしの自信

日本を離れて、海外の空港に着陸し、スーツケースを回収して、税関を抜ける。自動ドアを通って、出迎えの人たちがごった返す到着ロビーに出る。現地の言葉、現地のにおい、日本とは違う空気がどっと押し寄せてきます。その瞬間、私はなんだかしみじみと「ああ、ひとりだなぁ」という気持ちになります。たったひとりになったときの心もとなさも感じつつ、何もかもがいったんリセットされたような、解放感もあります。**日本を離れると、「上げ底」を取り払った、たったひとりの等身大の自分に出会います。**

日本にいれば、たいていのことはスムーズに進みます。家族や仲間がいて、日本語の看板があって、使い慣れたサービスやアプリがある。すいすいと歩き回れます。しかし、海外では、そうはいきません。靴を買い替えたいと思っても、どこに靴屋さんがあるかわからない。街にどうやって行ったらいいのかわからない。地下鉄の切符を買うのもひと苦労。靴も、デザインや足の形に合うものが見つからない。このストリートは安全なのかな、ちょっと危ないのかな……。わからないことだらけです。そういう「上げ底」なしの自分で、ひとつひとつ考えて、決めて、調べて、やっていくしかありません。なんだか、小学生ぐらいの自分に戻って、初めてのお出かけをやり直しているような気分です。

ちっぽけな自分と、圧倒的な現実……。でも、これがいいんです！　**なぜなら、「上げ底」なしの自分ができたことは、ごまかしも何もなし、あなた自身の力でもぎとった成果です。**誇張も、卑下もない、そのまんまの自分の力として胸を張れます。

そういう、「上げ底」なしの自分でやりきった体験は、これからのあなたを支えてくれます。

自己理解

私はコーチとして、人生の転換期に直面している人の、キャリアや人生の相談に乗ることがよくあります。転換期を前にした人の多くが「自分は何者なんだろう？」という問いに直面します。「自分にとって本当に大切なことってなんだろう？」「自分の強みってなんだろう？」「自分はどんな状態でいるときが幸せなのかな？」。人生の節目に差しかかっての、自己理解と自己分析のやり直しです。しかし、自分のことって見えにくいものです。自分を見つめれば見つめるほど、よくわからなくなります。

では自分を理解するために、必要なものは何か？

それは、異質なものとの接触です。

私たちの脳は、違いをもとに世界を認識する性質があると言われています。自分の目に映ったものを、これは自分の手、これは本、これは机、と認識できるのは、「それ」と「それでないもの」の輪郭が見えているからです。これは、自己理解においても同じなのです。

異質なものとこすれ合ったときに、初めて私たちは、「ああ、自分はこんな形をした人間なんだな」と気づきます。自分にとって当たり前だと思っていたことが、現地では全く普通ではなかったとき。現地の人にとっては当たり前なことに妙に感動したり、逆にもやもやと違和感を覚えたりしたとき。「日本人ってこうだよね？」と言われて「間違ってないけど自分の場合は」と一生懸命答えようとしているとき。いつものやり方が通用しない中で、**自分なりに考えて、自分で決めて、行動して、うまくいったり、いかなかったり、予想外の（ときには嬉しい）展開になることを経験する中で、自分がどういう人間なのかが見えてきます。**「自分って意外とこういうことを大切にしているんだ」「自分ってこんな景色に感動するんだ」「わあ、自分にもこんな底力があるんだ」「当たり前だと思ってたけど、実はここって自分らしさだったんだ」「実はこんなことが苦手だったんだ」と思います。

「日本を出て初めてて、日本について学んだ」「海外に行って初めて、日本について全然知らなかったことがわかった」という感想をよく聞くのも、これが理由です。

　日本人としての自分。家族の一員としての自分。個人としての自分。若者としての自分。学生やビジネスパーソンとしての自分。女性や男性やそれ以外の性としての自分。地球人としての自分。アジア人としての自分。これまでは当たり前に、摩擦もなく物事が進んできたからこそ、意識に上らなかった自分の、いろんな側面に出会えます。異質に満ち溢れた世界の中で、どんどんこすれ合うことが、自分の輪郭をよりシャープに彫り出していく近道になります。

Nine dots puzzle

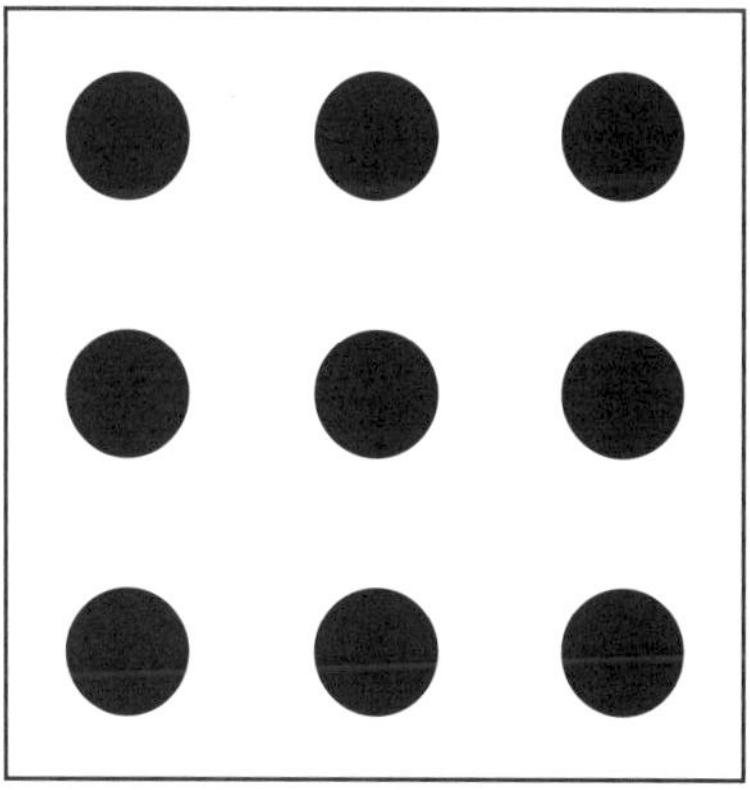

※参照：https://en.wikipedia.org/wiki/Nine_dots_puzzle

自由な視点

まず、ひとつクイズを出したいと思います。
上の図の九つの点を、次のルールで、つなげてみてください。

一、一筆書きであること
二、直線は四本以内
三、九つの点の全てを通ること

答えは、次のページにあります。

Think outside of the box!（思考の枠を飛びだそう）

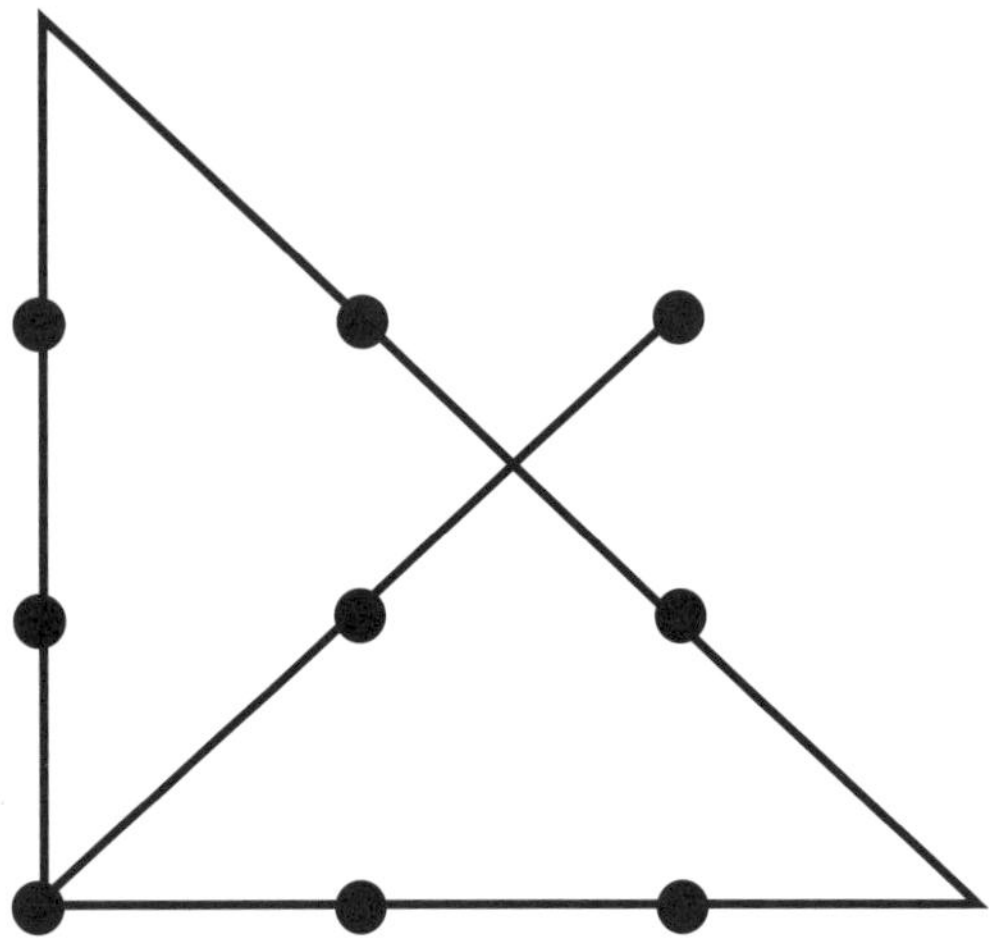

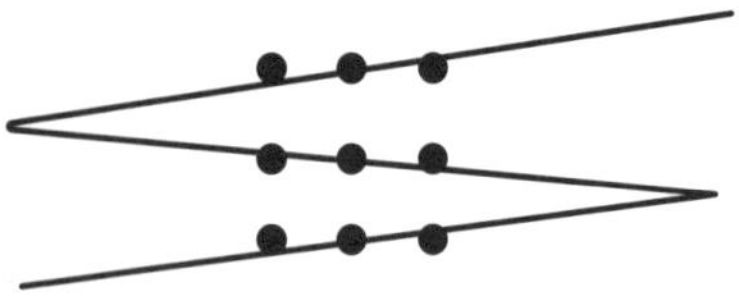

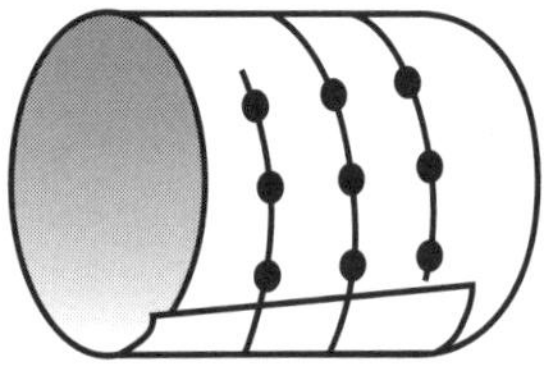

※参照：https://en.wikipedia.org/wiki/Nine_dots_puzzle

有名な問題なので、知っている人もいるかもしれませんね。「こんな解答はずるい」と思った人もいるかもしれません。私が初めてこの問題を見たときは、解けませんでした。

ちなみに、「こうすれば一本の線でもつなげられます」と、極太の一本の線で全てを塗りつぶしてしまうという回答をした小学生もいるようです。

この問題に苦労する人が多いのは、「枠」にとらわれてしまうからです。何の禁止もされていないのに、「この枠の中で線を描くものだ」と思いこんでしまい、出られなくなってしまうのです。

常識というのは、ガードレールのようなものです。私たちの生活を安全に、スムーズにしてくれる一方で、知らない間に、思考や行動を制限します。

海外では、あなたの「常識」とは違う「常識」に出会います。わかりやすい大きな違いから、日常の細かく、言葉にできないようなところまで、「今までと違う！」ということがいっぱいあります。

無意識だから壊せない、当たり前すぎて気づくことすらできない枠組みに気づくのに、とても簡単な方法が、別の枠組みに出会うことです。そして海外は、あなたが心を開いて関わり続ける限り、そのチャンスを溢れるほどに与えてくれます。

ネガティブ・ケイパビリティ

イスラエル・パレスチナ問題や、北アイルランドの「テロリズム」、ロサンゼルスの対立するギャングたちなど、さまざまな紛争の解決に取り組んでいる心理学者アーノルド・ミンデルは、「炎の中に座り続ける」力を提唱しています。物事が思い通りにいかないときや、状況が混乱しているとき、なんとかその葛藤を封じこめたくなりますよね。燃えさかっている炎があったら、反射的に消火したり、炎から逃げ出したくなってしまいます。しかし、強引に問題を封じ込めた結果、問題を創り出す構造や関係性がそのまま残ることもあれば、その問題から学ぶチャンスを逃してしまうこともあります。だから、炎に直面したら、まずは解決が見えないことを受け入れる。そしてただ注意深く、その体験の中に留まり続ける。すると、これまでとは全く違う気づきや学びが生まれ、新しい世界が展開していくというのです。

未解決な問題や、理不尽に見えること、先が読めない状況に直面したときにどうするか。その状況から逃げ出すわけでも、戦って制圧するわけでも、思考停止するわけでもない。**あえて、白黒をはっきりさせず、その場にいる。炎を見つめ、熱を感じ、炎の中に留まり続ける力。**この力は最近では、「Negative Capability（ネガティブ・ケイパビリティ）」と呼ばれています。もともとは詩人の言った言葉なのですが、心理学の世界でも使われ始めているようです。似たような概念として、「Tolerance to Uncertainty（不確実性への耐性）」という言葉を聞いたことがある人もいるかもしれません。不確実な状況に対する耐性が高い人は、他者との協調行動をとりやすいということ、多文化環境でのリーダーシップをとりやすいこと、一方で耐性の低い人は、鬱病になりやすいことなどがわかっています。

海外は、たくさんの未解決なことや不確定なことに出会うチャンスです。そういうときに**反射的に戦うのでも、逃げるのでもなく、ぐっと踏み留まってみるのです**。誰かを裁いたり、ただ心を閉ざして距離をとるのではなく、深呼吸をして、興味を持って、何が起きているんだろうと観察してみる。可能なら本人に「どうして？」と聞いてみてもいい。そういうことをしているうちに「ああ、この人たちは、こういう感じで生きてるんだあ！」と共感できる瞬間、「自分は今までこんな見方ばっかりしてたんだな」と洞察が生まれる瞬間が訪れることもあります。

生きていくうえでは、楽しむ、元気にやる、成果を出すといった「ポジティブ」な能力も必要です。**しかし、もやもやを、もやもやのままで抱え続ける能力、すっきりしない状況に向き合い続ける受動的（ネガティブ）な力**も、とても大切だと思うのです。苦難に襲われてもジタバタせず、ただじっと、静かにそこにいることができる。苦難に向き合ったからこそ、人に優しくなれる。海外での体験は、ネガティブ・ケイパビリティをじっくり養う、とてもいいトレーニングになります。

「ガラスの柵」を壊していく

海外に行くって、いろいろめんどくさい。それなのにどうして、海外に行き続ける人がいるのか。何が欲しくって、わざわざ自分の国を飛び出すのか。

理由は人それぞれである中、私はどうやら、「ガラスの柵」に囲われた自分の世界を、少しでも広げたくて、何度も何度も、海外に行ってきたようです。

想像してみてください。ひろびろとした大地があります。さまざまな花や、草や、動物や、生き物がいる土地が、どこまでも続きます。私たちは、その土地をガラスの柵で囲って、その柵の中に、入っていいものと、入ってはいけないものを決めていきます。ヒツジは内側、オオカミは外側。ラーメンは内側、ニンジンは外側。家族や友だちは内側、あの人は遅刻ばっかりするから外側。一度、何がOKで、何がOKではないかが決まってくると、後は自動的。透明な柵が適当に判断して、入れるもの、入れないものを決めていきます。選別はあまりにも円滑でどういう基準で決めていたのかを忘れてしまうぐらいです。

この便利な柵も、ときどき揺るがされることがあります。今まで見慣れなかったものに対して、OKなのかOKでないのか判断できなくなるときです。羊と狼しかいないと思っていたら、犬がやってきたとか。遅刻を繰り返すけれどとても親切でいい奴に出会ったとか。

そういうときは、柵の管理人である「私」が、相手のことを観察して、考えて、入れるか入れないかを決定します。一度決めてしまえば、後はまた自動運転です。ひとつひとつ考えるのがめんどくさいので、「新しいものは、無条件で拒否」というルールにしている管理人もいるようですが……。

この柵は、ときどき、壊れてしまうことがあります。それは異質で強烈な体験に出会ったときです。見たこともない動物がやってきた。出会ったこともない人たちに出会った。燃え上がるような恋をした。病気になった。新しい職場で大混乱をきたした……。

そのように柵が壊れたとき、ふたつの選択肢があります。**その異質なものも囲いこめるように、外側に柵を広げて作りなおすのか。それとも、その異質なものに出会わないように、自分の世界を小さくしていくのか。**

私は、柵を広げ続ける人生を選びたい、そう願っています。

ときには難しいときもあるけれど、やり続けたい。

私たち全員が、ガラスの柵を持っています。ガラスの柵は、私たちが「私」として生きるために必要不可欠なもので、生きるうえでの大前提として、当たり前にそこにあります。本人にとっては透明で、意識すらされませんし、他の人から見ても、明確に境界線がわかるものではありません。なんとなく、そこにあるのです。そのようなガラスの柵で区切られた領域が「あなた」を形成しています。

しかし海外にいると、何度も何度もこの柵が壊されます。なぜなら、目の前で、自分の「当たり前」とは違う行動をしている人たちがいて、生活が成り立っているからです。「自分の恋愛なんて親には恥ずかしくて話せない」と思っていたら、別の国では「いやいや、真っ先に親に話すよ。だってそうしないとアドバイスもらえないじゃん。恋人ができたら、なんなら家に連れてきて泊まらせる」という人がいたりします。恋人ではない男性同士が手をつないで歩いている。友だちが「将来は大統領を目指す。そしてこの国を良くする」と言っている（そしてそれが笑われないで、いい夢だねと賞賛される）。海外で働くことが、憧れではなく生き抜くための当たり前の選択肢だったりする。平日の料理は家政婦さんに作ってもらうのが普通。両親が子どもを置いてデートに行く。洗剤で洗った食器を、すすがずに拭く。

そういう「異質」と出会うたびに、私たちのガラスの柵は、叩き壊されていきます。柵を小さくして、狭い世界に引きこもるか、それとも世界をぐっと広げて、異質なものも迎え入れてしまえる自分になるか、問いかけられるのです。

日本にいても、異質な人に出会うことはありますよね。そのたびにガラスの柵は揺れるのです。そのとき、「あれは例外」「あの人は変だから」と排除すれば、今までの世界観を守ることができます。もしも一瞬、ガラスの柵が壊れてしまっても、周りの、自分と似たような世界観を持っている人たちといることで、すぐにまた同じような柵を修復できます。しかし海外にいると、異質の塊が、目の前で生きて、生活し、社会を回しているのです。それも、意外とみんないい奴だったりする。だから、否定したり、なかったことにしたりはできないのです。その圧倒的な現実の力に、今のままの世界観では対応できなくなるときが来ます。

そういうとき私は、新しくねじこまれた世界観を包みこめる、さらに大きな囲いを作っていきたいと思っています。難しいときもあります。人を嫌いになってしまうことも、どう仲直りしていいのかわからないときもあります。それでもなお、自分の世界を広げ続けたいのです。壊されて、ちょっと広げて、作り直して、またそれが壊れて、また作り直して……。そうやって、少しずつでも、より多くの人と共存できるようになっていきたい。そのほうが、自分もほかの人たちも幸せですし、人生が面白くなりそうですから。

そして、自分にも優しくなれる

この「ガラスの柵」について、もうひとつ大切に思っていることがあります。私たちはこの**ＯＫか、ＯＫではないかというジャッジを、自分自身にも行い続けているということです。**

私たち人間は、多面的です。強い自分もいれば、弱い自分もいます。前向きで明るい自分も、傷ついて臆病な自分もいる。人が大好きな自分もいるし、嫉妬深い自分もいる。いろいろな自分が、自分の中に共存しています。**人間は、内側にも多様性を持っているのです。**

そして、どういう自分がＯＫなのか、ＮＧなのか、どういう自分は好きで、どういう自分を閉じこめるのか。私たちの中のいろいろな自分が、常に選別され続けています。

しかし、あなたの中のそれぞれの側面が、それぞれの強みや役割を持っています。さまざまな状況に対処するために、生き残るために、そして、変化に満ちたこの世界でより良い人生を作るために、必要な役割を果たしているのです。そういう多様なパートが、自分の中でときどき争いながらも、協力し合いながら、みんなで進んでいる。**全部ひっくるめて、「チーム自分」なのです。**そして、できる限りいろいろな自分にＯＫを出せると、「チーム自分」もうまくいきます。心地いいし、力も発揮しやすくなります。

しかし、**自分の柵を小さくしていると、自分自身すら、自分の世界に入れてあげられなくなります。**「弱い人は許せない」「こんなものを好きになっちゃいけない」「自分は冷たい人間だ」「自分はあの人とは違う」と思うたびに、繊細な自分、自由な感性を持つ自分、冷静になれる自分、あの人に似たところを持った自分が、敵や悪というレッテルを貼られてしまいます。

しかし、自分の一部を追放することなどできません。なくしてしまうこともできません。だから余計に嫌になって、その部分を閉じこめようとします。自分の中で、争いが、抑圧が、拷問が起こります。

自分の一部を切り離すということは、自分の力を失うということです。それだけでなく、その自分を閉じこめるために、さらにエネルギーを消費してしまいます。そうするのではなくて、自分に出会うたびに、その自分にOKを出して、大切な仲間として迎えてあげたいのです。今まで閉じこめられていた自分を発見するたびに、そんな自分にもOKを出して、一緒に進んでいきたいのです。そのうえで一緒に、チーム全体として、成長していけばいいのです。**心の領土を広くして、いろいろな自分が、自分の中で心地よく暮らせるようにしたいのです**。

海外に行くと、驚くほど多様な人に出会います。そのたびにガラスの柵を広げ、そういう人たちと共存していける自分になるごとに、自然と自分自身にも優しくなれます。いろいろな経験をするたびに、新しい自分に出会えます。

自分に優しくなっていくことと、人に優しくなっていくことは、実はほとんど同じものです。より広い世界を持つことは、自分の柵の中に入れられる相手が増えるということだからです。その逆も同じで、人を憎むことと、自分を憎むことも、同時に起きます。誰かを憎めば憎むほど、その人に似た部分を持つ自分を許せなくなる。自分を嫌えば嫌うほど、自分に似た人たち

も嫌いになる。実際、抑圧的な社会は、抑圧をする側の人間にとっても、ストレスの激しい社会だという説もあるようです。だから、柵を広げ、自分にも人にも優しくありたいのです。

これが、私が海外に行き続ける、そしてあなたに海外をすすめる、一番大きな動機だと思います。

私はコーチングという、話を聞き、問いかけ、一緒に考えることを仕事にしています。その中で、クライアントさんがときどき「これは誰にも話せなかった」という話を聞かせてくれることがあります。過去の傷や失敗、誰かに言ったら笑われるだろうと思っていた夢が、私になら話せたというのです。

ガラスの柵を広げる楽しさを知っていると、異質なものに対して「えっ、何それ面白い」と

好意と興味をもって関われます。海外経験のおかげで、クライアントさんが何でも自由に話せるのなら、すごく嬉しいと思いますし、さらに、自分の世界を広げていきたいと思います。

吉田聡という漫画家が書いた『Birdman rally　鳥人伝説』に掲載された『ダックテール』という作品に、バイクで日本中を旅している男性が出てきます。彼は全てを投げ出し、日本中をさすらった末に、とあるけじめをつけようと、北に向かっています。その彼が、ある少年にこのようなことを語ります。

いつか気がむいたら旅をしてみろよ。
そうだな…　その時はなるべく一人きりがいい。
一人になったら自分の考えたことが全ての行動の始まりだ。
そうしたら自分を愛してやって…　自分を信じてやらなきゃやってらんねエ。
旅ってのはよ、てめえがてめえを信じてやるための練習だと思ってるよ。

旅をして、迷って、寂しくなったり、誰かの優しさに思わず涙をこぼしたり、自分の弱さに出会ったり、自分の力を再確認したりして、少しずつ世界を広くする。そして、自分にも人にも、少しずつ優しくなっていく。そういう人生を、私も生きていきたいと思っています。

Column
Interview

仲間の成長が、人生の転機に

花村夕佳里さん

フリーランス（教育系）

自称「リーダーシッププログラム参加オタク」として高校・大学・社会人時に留学を含めさまざまな国際リーダーシッププログラムに参加。現在は、中・高等教育で国際教育プログラムの場づくりに携わっている。

人が成長する瞬間に関わりたいと思い始めたきっかけは、アメリカのＮＰＯ団体のプログラムで訪れたフィリピンでの経験でした。

大学生のときは、奨学金も利用しつつ学費が比較的安いシンガポールに留学したり、母国に帰省中の留学生の家を泊まり歩いたりと、東南アジアを飛び回りました。世界一周をするピースボートに、街中でポスターを貼らせてもらい、参加費を減額して参加したのもこのころでした。また、卒業後は仕事の傍ら、異文化理解と多様性をテーマにしたミュージカル活動に関わったりしていました。

社会人四年目のころ、アメリカのＮＰＯ団体の活動に参加するための奨学金制度があることを知り、すぐに応募。決まった瞬間に退職届を出しました。

そのＮＰＯの活動では二十二カ国から集結した十八～二十八才の約百名の仲間と、アメリカ、フィリピン、メキシコを旅しました。現地の家庭に泊まり、ボランティア活動や学校訪問などを行い、最終日にはお礼の想いをこめて二時間のライブショーをして、次の訪問地へ移動するということを繰り返す半年間でした。

　フィリピンではマニラに一ヵ月滞在し、貧困地域でボランティア活動を行いました。活動場所が分かれていたので、全員が集合するのは週一回のみ。そのある集合日に、バミューダ出身の女の子が自分の活動先の子どもたちをショーに招待したいと言い出しました。本当に歌が上手な彼女でしたが、旅が始まったころには、ママが恋しいと泣き出してしまう幼さもありました。でも貧困地域の子どもたちに、ゴミの山以外のもっと広い世界を見せてあげたいと思ったそうなんです。チケット代も交通手段もない状況で、彼女は一生懸命、仲間に語りかけ、募金を集めて、子どもたちを招待することに成功しました。でも、そのショーの本番、彼女はメインシンガーだったパートで歌えなくなってしまいました。目をキラキラさせて彼女を見上げる子どもたちを前にして、想いが溢れてしまった彼女は嗚咽して、それでも伝えようとして……初めてプロフェッショナルじゃない歌を歌ったんです。心の底から伝えたい想いが溢れ出る感覚を知った彼女は、そこからどんどん大人になっていきました。顔つきもふるまいも態度も大きく変わりました。

　それまで私は、自分が楽しいことや成長できることを追い求めていました。でも活動中、こんな風に人が成長する瞬間に何度も遭遇しました。素直に誰かを想い、何かしたいと思ったとき、こんなに人って変わるんだ、そんなタイミングに立ち合えるのはなんて幸せなんだって思いました。これが教育業界に入ると決めたきっかけで、今も私の核になっています。

Columun 10

Hi, how are you?

僕が内閣府の「世界青年の船」に乗って、十三カ国のみんなと船の中で過ごしたとき、自分で決めたチャレンジは、最初の一週間、すれ違った全員に挨拶するということでした。廊下で誰かとすれ違うたびに「Hi, How are you?」と呪文のように繰り返したのです。これは結構、どきどきします。いきなり話しかけて大丈夫かなとか、変な奴と思われないかなとか。それにみんな忙しいから、気づかなくて返事がないこともあって、それが重なるとへこみます。できれば自分もコンフォートゾーンに留まりたい。目を伏せて忙しそうに歩き回って、自分の安全を保ちたい。

しかし、「これは自分のストレッチなんだ」と覚悟して、とりあえず最初の三日は頑張ることにしました。「みんな、こんなプログラムに参加するぐらいだから、交流したいはず。だけどまだ始まったばかりで緊張してるだけ。もしかしたら、自分から声をかける勇気はないけれど、話しかけてもらいたいのかもしれない」と言い聞かせて、とにかく挨拶をし続けました。気づいてもらえない前提で、機械的に「Hi, How are you!?」と繰り返しながらすれ違いつづけました。そうすると、十人にふたりか三人は「Hi!」とか「Fine, thank you!」とか答えてくれるのです。そうするとちょっと気分が良くなって、もう少し頑張れる。慣れてきたら怖くない。そのうち、返事をしてくれた四、五人のひとりぐらいと、立ち話になったりもする。そこで、出身とか仕事とか、どうして船に乗ったのかなどという話になると、お互いの顔を覚えます。ときには、「あ、ペルーのフリオがやってるNPOと、バーレーンのファティマがやってることって似てるじゃん、ちょっとこのふたりをつなげてみよう」などということになります。そういうことをしているうちにみんなが顔を覚えてくれて、「ヒロって、コーチングとか、人材育成とか仕事にしているんだよね？　今度一緒にリーダーシップについてのワークショップをやろうよ」と声をかけてもらえたりもします。

僕はこのとき、ある程度英会話ができたからこういう方法をとりましたが、ほかにもいろいろなことをやっている人がいました。ほんの少し単語を並べて会話できるぐらいの英語力の日本人がいたのですが、彼はとにかくテンションが高い。夜になるとビール片手に、「1、2、3、いえーい」と言いながら乾杯しにいきます。そうすると海外の酒飲みたちが大喜びして乾杯する。言葉なんて通じないけれど、なんだか楽しそうに騒いでいます。

別sの国際交流の場で、シャイそうな男の子が、習い始めたばかりのフルートを武器に交流しているところを見たこともあります。まだ、音を鳴らすのも難しい感じだったのですが、同じくフルートの演奏経験があるという人と一緒に練習して、別の楽器をやっている人と合奏しているうちに、みんなと仲良くなったり。ほかにも、ダンス、折り紙、料理。震災の経験や、参加したNPOについてのプレゼン。いろいろな人がそれぞれの経験や持ち味を生かしながら、みんなとつながる方法を模索していました。

日本人同士でつるんでコンフォートゾーンに留まる人もいる中で、そのようにストレッチをかけている人たちは、冷や汗をかきながらも、目をきらきらさせていました。交流したいという気持ちは相手に伝わるので、外国人側からも次々と声をかけられて、新しい展開が始まります。そういう一カ月半の経験をした人たちは、やはり帰国してからも、自信をもってチャレンジを繰り返し、中には起業したり、海外で表彰されたり、雑誌に載っちゃった人などもいるようです。

終章

この本を手に取り、ここまで読んでいただいて、ありがとうございます。

この本を読んでくれたあなたは、どういう人なのだろう。

どうしてこの本を手に取ってくれたのだろう。

どうして、海外に行きたいのだろう。

そんなことを思いながら、この終章を書いています。

いろいろな経験がしたい。解決したい社会問題や現状への不満がある。とにかく世界が見たい。もっと成長したい。胸にくすぶる不満や夢、好奇心、憧れ……。どんな想いが、あなたにこの本を手に取らせたのでしょうか。一体どういう思いだったのでしょうか。

私の中には、新しい景色が見たいという強い衝動があります。どうしてなのか、自分でもわかりません。恋人に「ヒロはどうして、そんなに生き急ぐの？」と聞かれてしまったこともありますし、あまり欲張らないほうが、人生は楽なのかなあ、と思うこともあります。年を重ねて、ずいぶん落ち着いたけれど、それでもやっぱり、まだ見ぬ光景に胸を焦がしています。

私の十代は、コンプレックスでいっぱいでした。そして、二十代は混迷そのものでした。そういう私を支えてくれたのは、外の世界での経験と、そこでの出会いでした。

私は、小学校の先生に「西田くんは集団行動もできないし、特殊学級に入れたほうがいい」と言われるような子どもでした。みんなが肌で感じとっている「空気」や、暗黙のルールや予定調和を、感じとる力がなかったのです。自分なりに一生懸命やってるのだけれど、笑われたり、のけ者にされたり。身体も弱いから、反撃することもできませんでした。

中学生になると、周囲を見下すようになりました。コンプレックスの裏返しです。自分はみんなとは違うんだ、人とは違う発想を持っているんだという優越感。思春期の自分がしがみつけるのは、それぐらいしかなかったのだと思います。

そういう私に居場所をくれたのは、外の世界でした。

公民館の夏休み陶芸教室。高槻市の主催していたチャレンジキャンプ。ちょっと不良っぽいクラスメート。大人たちが作った枠の中にはどうしてもなじめない私を、そのままに放っておいてくれたり、ときには面白いと言ってくれたりする場所は、いつも教室の外の世界でした。規律や常識、同調圧力ではなく、ひとりひとりが人間として付き合える場所に行くと、呼吸が楽になりました。

そんな私が海外に惹かれるのは、自然な流れだったのかもしれません。高校二年で（公財）AFSに支援をいただき、ノルウェーに留学しました。到着してすぐの、世界中から集まった留学仲間との合宿を思い出します。

愛用のスティックで、鍋でも家具でも何でも使ってビートを刻むスイスのトーマス。自己紹介でさっそく家族が恋しくて涙ぐんだ南アフリカのフィリッパ。踊ってふざけて、見ているだけで楽しいドミニカのマジャリンとチリのエクトル。音楽が上手で、「彼氏が釣りをしてるところを見るのが好き」と聞かせてくれたロシアのアナ。悪ガキ全開でやんちゃばかりのドイツのヤコブ。「ヒロは今英語が話せないから自信をなくしてるかもしれないけど、ヒロの中にいろんな想い想があることは知ってるよ」と伝えてくれたカナダのデリック。アメリカのレイチェルとアルゼンチンのニコは早々にくっついて、草むらの上でいちゃついていました。香港のエイファとヘリックスとは、アジア人同士だからかノリがあって、よく一緒にまったりしていました。

初めての海外で、英語もほとんど話せない。ノリについていくのも大変。ひりひりするほど初めてだらけな世界の中に、なぜか私の居場所がありました。お互いがお互いにとって、あまりにも異質すぎて、違うのが当たり前。誰も「変」でも「おかしい」わけでもなく、それぞれがそれぞれの在り方で、ただそこにいていい。違いを違いのままにして、教えあったり、面白がったりしながら、一緒にいることができる。当時はまだ二十世紀。「多様性」という言葉は知らなかったかもしれない高校生たちです。しかしそこには確実に、ばらばらなままに、ともに進もうとする空気がありました。

そうか、こうやって世界は溶け合っていくんだ。そう思いました。

ホストファミリーの家に到着し、地元の高校に通い始めてからも、初体験の連続です。乗馬、お米をクリームで炊いてシナモンと砂糖をかけた食事、カフェテリアで大っぴらにいちゃつくクラスメート、二回離婚してシングルマザーのホストファミリー、先生と生徒が対等に議論する教室、要望は言葉に出さないと伝わらない文化。初めて見る世界に、次々と自分の中の常識も壊れていきました。見知らぬものに出会うたびに、動揺します。私の世界が壊れます。壊れては作って、壊れては作って……。大変だけど、少しずつ自分の形が見えてきます。

そんな中、私の人生を変える出会いがありました。

週に二回、外国人向けのノルウェー語の授業がありました。クラスメートは、ソマリアとクロアチアから四名で、私を含めて五名。ノルウェーの文化について話し合ったり、ちょっとむつかしい文章にチャレンジしたりしながら、のんびり過ごす時間でした。

私がその教室に入るたびに、真っ先に話しかけてくれたのが、マリアナでした。

彼女はクロアチアからの難民で、看護学科に通っていました。故郷では学校に行けなかったのか、私よりも少し年上の女性。カールした黒めの髪を金色に染めて、いつもすっと背筋が伸びている人でした。緑がかった青い目がくりくりと動いて、真剣に見つめてきたと思ったら、にこやかに話をしてくれます。なぜかイタリア語の「マンマ・ミーア」が口癖でした。彼女のほがらかな笑顔を見ていると、気持ちが明るくなりました。週に二回、彼女に会える日は特別な日。廊下ですれ違って笑いかけられると、なんだかそれだけでうきうきしました。帰りのバスで彼女が他の男の子と仲良くしてると、いてもたってもいられない気持ちになりました。

どう考えても恋です。しかし、あさはかな「頭の良さ」にしがみついていた私は、自分の気持ちを信じることができませんでした。海外に来て寂しいだけじゃ？　マリアナの美しさに目がくらんでるだけじゃ？　これって本当の愛なのか？　そのようなことを考えてばかりでした。

一年が経ち、終業式の季節がめぐってきました。最後のスクールバス。家が近づいてきて、バスの出口に向かった私に、マリアナが駆けよってきました。「Lykke til videre!（これからも幸せに！）」という言葉とともに、私は抱きしめられ、うなじにキスをされました。

ぼんくらな私はやっと、この人が本当に好きだったのだと気づきました。この人と離れたくない。もっと一緒にいたい。この人の目を見つめて、想いを伝えないと。しかし私にできたのは、彼女をほんの数秒抱きしめて、歯ぎしりをしながら、スクールバスを見送ることだけでした。

なんてばかなんだろう、頭で考えていたって後悔するだけなんだ。そんな思いを抱えて帰国して、受験勉強を始めた二〇〇一年に九・一一米国同時多発テロが起きます。アメリカの友人の安否が気になるけれど、SNSもない時代。ただ祈ることしかできませんでした。そして対テロ戦争が勃発。参戦したカナダにもオーストラリアにも、仲間がいました。あいつらが、人を殺さなきゃいけない立場になったとしたら……。

ただただ心配しながら見ていたニュースに、アフガニスタンの女の子が映りました。小学校に上がったばかりぐらいでしょうか。金髪気味の、少し癖のある髪の毛、かわいらしいすべすべの頬っぺた。ベッドに腰かけて、けらけらと笑っています。

マリアナも、あんな感じのかわいい女の子だったのかな……。

少し顔立ちが似ていたのか、マリアナを思い出しました。彼女の子ども時代や、これから大人になっていく姿を想像し、その隣にいられない自分を悔やみながら、画面を見ていました。

「この子は、楽しくて笑っているわけではありません」

ニュースキャスターが続けます。

「この子は空爆を受けて、それからずっと笑い続けているんです」

こんな、何の罪もない子どもが、発狂するほどの苦しみを経験させられている。知らない国の、知らない大人の決めたことで爆撃され、血を流し、手足を失い、苦しみながら死んだ人や、大切な人を失った人たちがいる。マリアナのご近所さんとか、姪っ子かもしれない人たちが、殺されている。もしマリアナがあんな目に遭ったら……。

言葉を失うような衝撃の中で、ただただ、こんな悲劇が終わることを祈りました。

しかし、自分の日常は、何も変わりません。無力なただの高校生の自分と、戦争や兵器の話を楽しそうにするクラスメート。アクション映画は大好きだから気持ちはわかるけれど、あそこでは本当に人が死んでいるんだよ……。

自分の人生とその方向性が変わってしまったことに気づいたのは、そのときでした。いつの間にか私は、知らない国の、知らない誰かが傷つけられているシーンに、痛みを覚えるようになってしまった。その人たちも人間だとわかってしまって、他人事だと思えなくなった。全力で「こんなのはもうやめにしたい」と思わずにはいられなくなりました。

もしも、日本人の半分以上が、本気で戦争が嫌だと表明したら、日本は絶対に戦争しないだろう。もしも世界の半分以上の人が、本気で戦争が嫌だと思ったら、世界にもう戦争は起こらないかもしれない。

そういう人を、少しでも増やしていくには、どうすればいいんだろう……?

今の自分には何もできないけれど、これから死ぬまで、私はその想いを持って動き続けてしまうのだろう。周りの人をばかにしていた私が、誰かの不幸を悲しみ、誰かの幸せを祈り、もっと人に優しくなりたいと思うようになりました。

この出会いは私の人生を変えただけではありません。大人になった私をずっと励まし続けてくれる経験でもあります。

大学に入学してすぐに、姉が亡くなりました。突然の急変で、「ごめんね」も「ありがとう」も言えないまま、逝ってしまいました。それをきっかけに家族との関係もぎくしゃくし、帰る家すら失ってしまったような感覚に襲われました。全力で愛した恋人とも別れてしまい、就職してもうまくいかず、何のために生きているのかすらわからなくなりました。

それまで自分が向き合わずにいた生きづらさが、一気に噴き出してきたのだろうと思います。何度も、全てを投げ出したくなったとき、それでもあきらめなかったのは、それまで出会ってきたいろいろな人たちの優しさと、何もせずに死んでしまったら、ニュースで見たあの少女に顔向けできないという想いでした。その想いが、灯台のように遠くまで光り続け、ぎりぎりまで、私が人生を投げ出さないよう、遠い未来で光り続けてくれました。

少しずつ心の中の平和に興味が向かい、心理学や瞑想を学び、具体的な変化を作りたいと模索する中で、コーチングに出会いました。もっと広い世界を見たい、新しい景色に出会いたいという気持ちで動き続けるうちに、さまざまな幸運に恵まれ、世界中に渡航させてもらって、今の自分がいます。

その旅路を、多くの出会いが照らし、支えてくれました。飲みながら語り合った大学の友人。人間の持つ可能性を教えてくれた合気道の先生。仕事を手伝ってくれる仲間。抱きしめてくれた恋人。コーチングやカウンセリングを教えてくれた人生の先輩方。書きつくせないほどの出会いのおかげで、今の自分がいます。

そしてもうひとつ、私の人生を守り、広げてくれたのが本でした。物語は、いつも私を別の世界に連れて行ってくれました。何も変わらなさそうに見えるこの世界にも、もっと別の可能性があると示してくれました。

数多くの専門書や人に関する本が、人や世界の新しい見方を教えてくれました。自分の立ち位置や、これから何を大切にすべきかを教えてくれました。

この本は、本に救われた私からの恩返しです。外の世界を求め続けた私からの、招待状です。出会いに導かれた私からの、ラブレターです。

せっかくだから、一歩踏み出そうよ。できることから始めようよ。勇気をもって飛びこもうよ。大丈夫、あなたは、あなたが思っている以上に強いし、世界はあなたが思っている以上に優しい。だから大丈夫。

そういう気持ちをこめて、この本を書きました。

あなたと一緒に一歩踏み出したくて、この本を書きました。

私自身も、旅の途中です。

カリスマ性があるわけでもない、紛争地で働き続けられる体力もおそらくない。しかし、私みたいに臆病な人間だからこそ、小さな一歩を踏み出す難しさと、その一歩が大きな変化につながる喜びを知っています。不器用でひねくれていて、そのくせ人一倍誰かとつながりたいという気持ちももっている面倒な奴だからこそ、人とわかりあう難しさも知っているし、そのための知識や技術を学び続けてこられました。自分を変えたくて、人生を変えたくて、世界中を飛び回り、いろいろな人と対話してきた中で手に入れた、発想の自由さや、内省的な性格を活かしながら、ひとりひとりが、自分の人生をよりよくしていくお手伝いができています。外の世界への旅と、世界中の人たちとの出会い、そして本が、私の人生を変えてくれたのです。

ひとりひとりが、昨日よりもほんの少しだけ、自分にも人にも優しくなれること。

ひとりひとりが自分の想いとつながって、大切な人たちと生きていけること。

チームや組織が、お互いの想いや強みを大切にし合いながら進んでいけること。

ひとりでも多くの人が、少しずつ自分自身も世界も変えていけて、自分は無力じゃないって思えること。そしてそれを行動で表せるということ。

私も、いつでも優しくいられるわけではありません。むしろ頑固で、人とうまくやっていけないことも多くあります。それでもなお、国家や地球単位の大きな平和も大切で、家庭や職場、個人といった小さな平和も大切なこの世界で、少しずつ自分を成長させたい。少しずつ上手に人と関われるようになって、少しずつ自分の周りに平和を広げていきたい。そういう世界を目指し続けたいのです。そして、そんな仲間と一緒に進んでいきたいですし、あなたにも仲間に入ってほしいと思っています。

この本は、書ききれないほど多くの方のおかげで形になりました。インタビューに応えてくれた方々。掲載許可やお力添えをいただいた各機関のみなさま。異文化理解についてコメントをくれた石井晴子先生。本を書きなよと背中を押してくれた宇田川康晴さん。出版の先輩として伴走してくれた関口詩乃さん。コーチングやファシリテーションを教えてくれた青木安輝さん、長尾彰さん、平本あきおさん、宮越大樹さん。私を海外に送り出してくれたAFS、内閣府、日本財団などの組織。出版の右も左もわからない私を、自由にやらせてくれた坂本社長と、編集者の細井さん。私の好奇心を大切に育て、いつまでたっても飛び出していきたがる私を許し応援してくれた両親と、今は亡き祖母と姉。その他いろいろな人から受けとった支援や、知恵や、励ましのおかげです。そして読んでくれているあなたが、この本に意味を与えてくれています。心より感謝申し上げます。

最後に、私を初めて海外に送り出してくれた公益財団法人AFSの、「AFSソング」でこの本を終わります。

Walk together, talk together,
ともに歩こう、ともに語ろう
all ye peoples of the earth;
世界中の人々よ
then and only then
その時にこそ、そしてその時にだけ、
shall ye have peace.
私たちは平和を手にするのだろう

Let's all look ahead
さあ、みんなで前を見よう
there's a light that shines on us
はるか向こうの光が、私たちを照らしている
let's keep walking to our goal
ともにゴールに向かって歩き続けよう
and some day we'll be there
いつか私たちは、あそこにたどり着けるんだから。

Walk together, talk together,
ともに歩こう、ともに語ろう
all ye peoples of the earth;
世界中の人々よ
then and only then
その時にこそ、そしてその時にだけ、
shall ye have peace
私たちは平和を手にするのだろう

Let's take one step ahead
また一歩、足を踏み出そう
no matter how small it is
その一歩がどれだけ小さくてもかまわない
let's not forget the ocean's
忘れないでいよう、あの大海だって、
made of a little drops of water
小さな一滴の水からできているんだってことを

（翻訳は筆者。『Walk Together, Talk Togher』は、
ancient Sanskrit proverb に着想を得たもの）

あなたの旅を、応援しています。
ともに歩き続けましょう。

二〇二二年十二月、西田博明

おすすめ図書

第一章「海外へのハードル」は、飛びこえなくてもいい！

■想いを言葉にする、想いを伝える

・森田汐生『気持ちが伝わる話しかた』主婦の友社、二〇〇九年

・マーシャル・B・ローゼンバーグ『NVC 人と人との関係にいのちを吹き込む法 新版』日本経済新聞出版社、二〇一八年

・山田ズーニー『おとなの小論文教室。』河出文庫、二〇〇九年

第三章：チャンスをつかむコツ

■利他・貢献

・アダム・グラント著、楠木建監訳『GIVE & TAKE「与える人」こそ成功する時代』三笠書房、二〇一四年

・ロバート・B・チャルディーニ『影響力の武器［第三版］なぜ、人は動かされるのか』誠信書房、二〇一四年

・山本弘『詩羽のいる街』角川文庫、二〇一一年

・ボブ・バーグ・ジョン・デイビッド・マン著『あたえる人があたえられる』海と月社、二〇一四年

第四章：いろいろな不安への対処法

■語学・言語

・船橋由紀子『超コーチング式英会話上達法』アルク、二〇二〇年

・本田直之『レバレッジ英語勉強法』朝日新聞出版、二〇〇八年

・ジュンパ・ラヒリ著、中嶋浩郎訳『べつの言葉で』新潮社、二〇一五年

・吉岡乾『なくなりそうな世界のことば』創元社、二〇一七年

第五章　異文化理解と異文化適応

■異文化と自分に向き合う

・伊藤 明美『異文化コミュニケーションの基礎知識―「私」を探す、世界と「関わる」』大学教育出版、二〇二〇年

・エリン・メイヤー『異文化理解力―相手と自分の真意がわかる ビジネスパーソン必須の教養』英治出版、二〇一五年

・グロービス著、高橋亨執筆『海外で結果を出す人は、「異文化」を言い訳にしない』英治出版、二〇二一年

・松村圭一郎『はみだしの人類学～ともに生きる方法～』NHK出版、二〇二〇年

・山本弘『アイの物語』KADOKAWA、二〇〇九年

■日常と人生を見つめる

・V・E・フランクル著、山田邦男・松田美佳訳『それでも人生にイエスと言う』春秋社、一九九三年

・岸見一郎『アドラー心理学入門―よりよい人間関係のために』ベストセラーズ、一九九九年

第六章：海外を、最高の経験にするために

■目的と価値観を設定する

平本相武『成功するのに目標はいらない！―人生を劇的に変える「自分軸」の見つけ方』こう書房、二〇〇七年

谷口貴彦『ザ・コーチ 最高の自分に気づく本』小学館、二〇一六年

■Do More の法則（うまくいったことをもっとやる）

・ポール・Z・ジャクソン・マーク・マカーゴウ著『組織の成果に直結する問題解決法 ソリューション・フォーカス』ダイヤモンド社、二〇〇八年

・リチャード・パスカル、ジェリー・スターニン、モニーク・スターニン著『POSITIVE DEVIANCE（ポジティブデビアンス）：学習する組織に進化する問題解決アプローチ』東洋経済新報社、二〇二一年

■行動する。1.1を積み重ねる

・藤由達藏著『結局、「すぐやる人」が全てを手に入れる』青春出版社、

二〇一八年
・仲山進也『アオアシに学ぶ「考える葦」の育ち方　～カオスな環境に強い『頭の良さ』とは～』小学館、二〇二二年

■ネガティブ・ケイパビリティを鍛える
・帚木蓬生『ネガティブ・ケイパビリティ　答えの出ない事態に耐える力』朝日新聞出版、二〇十七年
・アーノルド・ミンデル・バランスト・グロース・コンサルティング株式会社監訳、松村憲・西田徹訳『対立の炎にとどまる―自他のあらゆる側面と向き合い、未来を共に変えるエルダーシップ』英治出版、二〇二二年
・ヤマザキマリ『国境のない生き方　―私をつくった本と旅―』小学館、二〇一五年

参考資料

経済産業省『未来人材ビジョン』、二〇一八年

横田雅弘、太田浩、新見有紀子編『海外留学がキャリアと人生に与えるインパクト：大規模調査による留学の効果測定』、学文社、二〇一八年

Richard M. Sherman, Robert B. Sherman. (1964). it's a Small World[Song]. *Disney Parks Presents It's a Small World*

Milton J. Bennett, *Developing Intercultural Sensitivity: An Intercultural Approach to Global and Domestic Diversity. CA:* Intercultural Development Research Institute, 2020

Gullahorn, J. T., & Gullahorn, J. E. *An extension of the U-curve hypothesis.* Journal of Social Issues, 1963

エリン・メイヤー『異文化理解力 ― 相手と自分の真意がわかる ビジネスパーソン必須の教養』英治出版、二〇一五年

吉田聡『Birdman Rally　鳥人伝説』小学館、二〇〇一年

西田博明　にしだひろあき

㈱Tomoni 代表取締役。明日を変えたい人や組織にコーチングで伴走する「転換期の仕掛け人」。海外滞在は41 カ国、のべ 4 年（ほとんどがゼロ円渡航）。国際基督教大学卒業後、ベンチャー 2 社で事業立ち上げを経験。2008 年に独立。経営者や専門家へのコーチング、組織開発や伝統工芸の支援など活動は幅広く、近年は大学でのキャリア教育にも携わる。国連平和大学（コスタリカ）修士。公認心理師。趣味は SF 小説と合気道。

20 代までに知っておきたい

世界とつながるゼロ円渡航術

Connect to the world and change your future!
-Young people's guide to funding overseas opportunities-

2023 年 1 月 24 日発行　第 1 版第 1 刷発行

著者：西田博明

装丁：稲野　清（有限会社ビー・シー）

校正：高橋清貴

協力：井原はなえ、笹森瑞季、田中和也

発行人：坂本由子
発行所：コスモピア株式会社
〒 151-0053　東京都渋谷区代々木 4-36-4　MC ビル 2F
営業部：TEL:03-5302-8378　email: mas@cosmopier.com
編集部：TEL:03-5302-8379　email: editorial@cosmopier.com
https://www.cosmopier.com/
https://e-st.cosmopier.com/
https://www.e-ehonclub.com/

印刷：シナノ印刷株式会社

世界とつながり、明日を変える
読者むけ特設サイトはこちら！

・もっと世界につながりたい人
・もっとゼロ円渡航について知りたい人
・自分なりの道を見つけて、明日を変えたい人
・著者と関わりたい人

まずはこちらへ！

本書に書ききれなかった内容や、執筆のこぼれ話、
お得なイベントやキャンペーン、コミュニティーなど、
無料コンテンツも含め、さまざまな発信を企画、準備しています。
同じ思いを持った仲間や、著者とつながって、ともに進みましょう！

本書へのご意見・ご感想をお聞かせください。

本書をお買い上げいただき、誠にありがとうございます。

今後の出版の参考にさせていただきたいので、ぜひ、ご意見・ご感想をお聞かせください。（PC またはスマートフォンで下記のアンケートフォームよりお願いいたします）

アンケートにご協力いただいた方の中から抽選で毎月 10 名の方に、コスモピア・オンラインショップ（https://www.cosmopier.net/）でお使いいただける 500 円のクーポンを差し上げます。（当選メールをもって発表にかえさせていただきます）

https://forms.gle/KAkeAqkmmEqwffwM6